홀로서는
젊음이
아름답다

홀로 서는 젊음이 아름답다

인생의 기적은
청춘에 무엇을 꿈꾸고
했느냐로 만들어진다!

_김진희 지음

21세기북스

서문

✱ 도움닫기 멀리뛰기

인생은 타이밍이다.

도움닫기와 멀리뛰기는 강한 탄력성과 스피드가 필요하다. 20대는 일정한 거리를 전력 질주하다 구름판을 강하게 두 발로 동시에 디디고 올랐다가 강한 탄성으로 멀리 뛰어야 하는 상태이다. 더 멀리 뛰어오르려면 일정 시점에서 강하게 튀어 올라야 한다. 그리고 나서도 착지가 불안정하면 경기에서 이길 수 없다. 그처럼 마지막 착지까지 매 순간 할 역할들을 점검해 나가는 과정을 겪어야 한다.

지금 우리는 인생의 마무리 착지까지 가도록 도움닫기를 잘해야 할 때다.

프롤로그

✽ 스무 살 인생 독립 선언문 ✽

　　　　　　나는 스무 살입니다. 나는 이제부터 내 인생을 스스로 결정하고 책임지겠습니다. 가장 먼저 부모님에게서 경제 독립을 선언합니다. 지금까지 먹여주고 재워주고 학교 보내준 부모님께 진심으로 감사드립니다. 앞으로 나는 내 힘으로 벌어서 경제적으로 독립된 인간으로 살아가겠습니다. 부모님에게 얹혀사는 미성숙한 인간에서 벗어나 성인으로 당당히 내 삶을 꾸려나가겠습니다.

　나는 이제 내 인생의 완전한 주인이 되겠습니다. 지금껏 혼자서 결정하지 못했던 나의 미래와 꿈을 이제부터는 스스로 선택하고 실천하겠습니다. 우선, 인생의 큰 그림을 그리겠습니다. 20대, 30대, 40대, 50대……에 이루어야 할 인생의 중간 목적지를 정하고 구체적인 인생계획을 세우겠습니다.

나에게 주어진 시간을 허투루 쓰지 않겠습니다. 내 앞에 펼쳐진 시간에 붙들려 허둥대는 노예로 살지 않겠습니다. 놀 때는 미친 듯이, 일할 때는 끈기 있게 끝없이 배우고 또 배우며 청춘의 시간을 아낌없이 살아가겠습니다.

삶 앞에 응석 부리는 어린애로 살지 않겠습니다. 청춘의 특권은 아픔과 좌절이 아니라 용기와 도전입니다. 아프니까 청춘이라는 대책 없는 위로와 위안은 이제 사양합니다. 스무 살은 인생에서 신체적으로나 정신적으로 자기 치유력이 가장 강한 때입니다. 할 수 있는 것과 할 수 없는 것, 해서는 안 되는 것과 해야만 하는 것의 경계를 넘어서 무조건 부딪치고 넘어지고 또 일어나겠습니다.

나의 잘못을 핑계 대면서 남 탓으로 돌리지 않겠습니다. 스무 살이 된 지금 나의 현재 모습은 오로지 내가 만들어낸 결과입니다. 바라던 대학에 들어가지 못하고 원하던 일을 이루지 못한 이유를 부모님 탓, 선생님 탓, 운 탓으로 돌리면서 핑계 대지 않겠습니다. 지금 내가 서 있는 곳에서 나의 현재를 있는 그대로 받아들이고 진짜 내 인생의 첫걸음을 내딛겠습니다.

내가 진짜 좋아하는 것이 무엇이고 어떤 인생을 살 것인지 진지하게 고민하겠습니다. 지금까지 저는 학교 교육과 부모님의 사랑 속에서 훈육되어 왔습니다. 내가 좋아하는 것, 내가 싫어하는 것이 무엇인지를 모른 채 숨 가쁘게 등 떠밀려 지내왔습니다. 스무 살, 이제부터는 신중하고 사려 깊게 나를 들여다보겠습니다. 그래서 무엇에 한 번밖에 없는 내 인생의 청춘을 바칠 것인지 결정하겠습니다.

안락함이나 안전함보다는 불편함과 모험에 승부를 걸겠습니다. 스무 살 청춘의 또 하나의 특권은 승리를 위한 안전한 내기보다 승부 그 자체를 즐기는 것입니다. 이기고 지거나 합격 불합격을 넘어서 나를 한계짓지 않고 위대한 승부에 뛰어들겠습니다.

인간관계의 폭을 넓히고 내 인생을 성숙시켜주는 친구와 스승을 만나겠습니다. 지금까지는 주어진 관계 속에서 수동적인 인간관계에 만족해왔습니다. 이제부터는 나이를 넘어서 서로 빛내주고 성장시켜줄 사람을 찾고 만나 진정한 우정을 나누겠습니다. 나아가 이성친구와의 교제를 두려워하지 않겠습니다. 결혼하든 안 하든 생의 동반자를 찾는 일을 게을리하지 않겠습니다. 만약 결혼하기로 한다면 행복하고 성공적인 결혼 생활을 위해 차근차근 준비하겠습니다.

나의 행복을 넘어서 사회 전체가 행복해지는 일에도 참여하겠습니다. 스무 살 인생 독립 선언은 나 혼자만의 다짐이나 이기적인 행복을 위한 성인 인증이 아닙니다. 우리 사회의 어두운 면에 눈 돌리고 어렵고 힘든 사람들의 삶에도 눈을 돌리겠습니다. 나아가 세계의 평화와 지구 환경을 지키는 일에도 힘을 보태겠습니다.

끝으로 스무 살 인생 독립 선언은 나의 또래친구들과 아직 인생 독립 선언을 하지 못한 선배들에게도 권하겠습니다. 찬란하게 떠오를 내일의 태양을 향해서 당차게 걸어가겠습니다. 나는 이제 어리지 않으니까요.

2013년 11월
김진희

* '스무 살 인생 독립 선언문'은 프롤로그에 대신하여 청춘 독자들이 읽고 가슴에 새겨야 할 것들을 선언문 형식으로 적어본 것이다. '스무 살 인생 독립 선언문'을 책상 앞에 붙여놓고 큰 소리로 읽고 희망찬 하루하루를 시작하기 바란다. 바로 지금이 그대들의 역사적인 인생 독립 선언의 날이다.

Contents

서문   005
프롤로그   006

1장 청춘을 축하해

인생의 꽃이 막 피어날 때   017
먼 길을 가야 하기에   021
세상이 학교다, 세상에서 경험하라   026
고독하고 또 고독하라   029
자신을 들여다보아라   033
인생은 마라톤이다   036
세상 어디에서 어떻게 쓰일까   040
할 일은 많다   044
미래는 미지다   047
퍼스널 라이프를 계획하라   051

2장 청춘의 항로

누구에게나 트라우마가 있다　061
무엇을 원하는가　064
인생은 미지의 세계로 나가는 것　070
무슨 일이든 호기심을 가져라　074
두려움 없이 먼저 프러포즈하라　079
위대한 일은 단순한 상태에서 이루어진다　087
항상 미래를 상상하며 현재를 살아라　090
시간이 정해져 있다는 것을 기억하라　094

3장 삶을 운영하라

첫 번째 실패에서 마음을 바꾸지 마라　101
내적인 성숙에 투자하라　104
남과 다른 사람이 되어라　107
자신한테 평계 대지 마라　113
통념에 빠지지 마라　115
말랑말랑하게 생각하라　119
불편함과 친해져라　122
한계짓지 마라　127
다른 사람이 되어라　129

4장 삶을 풍성하게

누군가에게 소중한 사람이 되어라 135
관계 다이어그램을 그려라 140
타인의 성장을 도와라 144
인생의 등대를 찾아라 147
관계 클렌징하기 149
또래집단에 연연해하지 마라 154
착한 사람 증후군 157
친구는 현재진행형이어야 한다 161
연애도 학습이 필요하다 168
결혼 전에 꼭 체크해야 할 것들 172
베터 하프! 베푸는 반쪽이 되어라 180
독립적인 삶도 중요하다 184

5장 청춘의 값

성인 인증은 경제 독립이다 193
경제지도 그리기 200
경제관의 기초를 세워라 206
집안 경제 규모를 파악하라 210
경제 멘토를 두어라 217
시드머니를 만들어라 220
빚으로 인생을 시작하지 마라 224

대신 살아주는 인생은 없다! 나는 내 인생의 진정한 주인이다!

1장 청춘을 축하해

인간은 꿈을 꾸었기에 계속 진화해왔고 문명을 이룩할 수 있었다. 하나의 꿈을 이뤄내면 이내 다른 꿈을 꾸면서 내 인생을 의미 있게 살아내야 한다. 나의 위시리스트를 적고 이루어낸 것을 하나하나 지워가면서 살아간다면 죽기 전에 버킷리스트에 적을 것이 하나도 없을지 모른다. 어쩌면 그것이 궁극적으로 우리가 가장 바라는 삶의 목표일지도 모른다.

인생의 꽃이 막 피어날 때

언젠가부터 온라인 쇼핑을 할 때면 위 상단에 위시리스트라는 메뉴바가 생겨나기 시작했다. 구매하고 싶은 물건을 미리 담아두었다가 구매를 원할 때 편리하고 손쉽게 하고자 하는 메뉴이다. 인생에도 그러한 것들을 담아두는 메뉴바를 만들어놓아야 한다.

위시리스트는 살아가는 동안 꼭 해보고 싶은 일을 적어보는 것을 말한다. 죽기 전에 꼭 하고 싶은 것이 버킷리스트라면 인생의 초반부, 내 인생의 꽃이 막 피어날 때 적어보는 꿈 목록이다. 꿈은 무엇을 하느냐가 아니라 어떻게 사느냐의 문제다. 꿈꾸는 사람은 현실에 안주하지 않고 끊임없이 새로운 도전에 나선다. 인간이 동물과 다른 점이 바로 이것이다.

인간은 꿈을 꾸었기에 계속 진화해왔고 문명을 이룩할 수 있었다. 하나의 꿈을 이뤄내면 이내 다른 꿈을 꾸면서 내 인생을 의미 있게 살아내야 한다. 나의 위시리스트를 적고 이루어낸 것을 하나하나 지워가면서 살아간다면 죽기 전에 버킷리스트에 적을 것이 하나도 없을지 모른다. 어쩌면 그것이 궁극적으로 우리가 가장 바라는 삶의 목표일지도 모른다.

위시리스트라는 명칭을 쓰지 않았지만 난 어릴 적부터 유사한 명목으로 그러한 리스트를 끊임없이 만들었다. 같은 또래들이 관심 두는 것보다 훨씬 포괄적이고 구체적인 계획이 있었다. 막연하게 입시를 거치고 대학을 가고 직장에 취직하고 결혼을 하고 아이를 낳고 하는 식의 일반적인 생각이 아니라 '나' 자신에 대한 실존적인 생각을 초등학교 다닐 때부터 하게 되었다.

물론 터울이 별로 없는 4남매의 맏이라는 내 포지션도 많은 작용을 하기는 했지만 철들기 시작하면서 접한 많은 책이 '나'를 찾는 데 많은 영향을 끼쳤다. 그래서인지 곳곳에 복병처럼 숨어 있던 내 인생의 많은 고난이 모두 이겨낼 만한 것들이었다. 또 하나씩 지날 때마다 학과 공부보다도 더 중요하게 생각되었던 독립적인 성인으로 살아내는 머릿속 시뮬레이션도 많은 도움이 됐다.

✽ 위시리스트 함부로 삭제하지 마

참으로 아이러니하다. 20대 초반에 생각해놓았던 위시리스트가 30대 40대 혹은 50대 60대에도 여전히 구매하지 못하는 위시리스트 목록으로 남아서 버킷리스트로 옮아간다는 것이다. 위시리스트를 작성하는 데도 시기에 따라 차이가 있다.

20대 초반은 위시리스트가 포괄적이고 20대 중반부터는 구체적이 되어야 한다. 위시리스트는 어떤 특정한 항목에 대해서 만들 수 있다. 20대 초반에는 영어를 잘하고 싶다, 더 많은 여행을 가고 싶다, 외모를 바꾸고 싶다는 식으로 포괄적이다. 20대 초반에는 아직 능력이 없다고 생각한다. 뭔가를 할 때도 남의 경제적 지원이 필요하고 주체적으로 결정할 수가 없다. 20대 중반만 해도 경제활동을 하는 사람이 늘어나기 때문에 위시리스트는 구체적으로 된다. 영어를 잘하고 싶다는 것에서 바로 실행 계획으로 넘어갈 수도 있다. 외국어 학원을 등록하기도 하고 그렇게 습득한 영어를 2주 정도의 휴가 여행을 가서 써봐야겠다는 구체적 제시도 가능하게 만들 수 있다.

위시리스트는 성별과 나이에 따라 매우 다양하게 드러난다. 20대 중반 남자는 군대 갔다 온 뒤 많은 사람과 사회적 관계가 있다는 것을 알게 되었다. 군대에 가기 전의 인간관계에 대해서도 진지하게 집중하게 되었다. 예전과는 상당히 달라진 양상이 된 것이다. 똑같이 대학 3학년일지라도. 위시리스트를 리스트업해보면 나이에 따라 달라진다. 외모는 남녀 불문하고 20대가 관심을 두는 부분이다. 여자친구나 남자친구를 만나고 싶다는 것도 생긴다. 위시리스트 중에서 나 자신이 노력해서 되는 것들과 안 되는 것들에 대해서 실행 계획이 잘 세워지지 않는 경우도 현재 자신의 모습을 물리적으로 바꾸고 싶기 때문이다.

20대 중반의 위시리스트에는 '안정적인 직장을 갖고 싶다'가 다수를 차지한다. 나만의 색깔을 찾고 위시가 위시로 끝나지 않게 바로 뒤돌아가 다시 계획하고 실행 계획을 짜는 것이 중요하다. 아이들도 충격적이거나 힘든 사건의 메모리가 오래간다. 행복한 것도 그렇지만, 비율 자체가 고통스러운 경험의 기억이 높다. 그런 의미에서 나쁜 기억을 남기지 말라고 하는 것이다. 살면서 고통스러운 것들을 잊어버리려고 하나 그럼에도 많은 영향을 끼친다. 방황하고 고통을 겪고 힘들게 사는 지금 자체가 발판이 되어 좋은 방향으로 바뀌었으면 한다. 그게 위시리스트를 만드는 근간이 되었으면 한다.

먼 길을 가야 하기에

　20대는 획일화되고 정형화된 학생의 틀에서 벗어나 스스로 삶을 계획하고 실천해가야 하는 시기다. 계획하고 실천하고 넘어지고 깨지면서 차근차근 진심으로 원하는 목표를 향해 다가가야 한다. 10대에는 갇힌 공간 속에서 정해진 일정을 소화해야 하기에 폭넓은 생각을 못했다. 하지만 20대로 접어들면 이제는 넘치는 시간의 홍수 속에서 자기 길을 스스로 찾아가야 한다.

　대부분이 시간을 주체하지 못하고 그냥 흘려보낸다. 하지만 20대의 그 새털같이 많은 시간을 어떻게 보내느냐가 평생을 좌우하게 된다는 것을 안다면 그렇게 낭비할 수는 없을 것이다. 시간의 소중함을 안다면 인생설계를 해야 한다. 20대의 인생설계는 어떤 식으로 해야 할까?

인생설계를 하고 목적지를 가는 방법에는 두 가지가 있다. GPS 형과 나침반 형으로 나눌 수 있다. GPS는 위성항법장치라는 말로 번역된다. 지구 상공을 돌고 있는 GPS 위성에서 보내오는 신호를 이용해 자신의 위치를 정확히 계산할 수 있다. 이 정보는 내비게이션을 통해 자신이 가고 싶은 목적지까지 최선의 길을 알려주게 된다.

내비게이션은 현재의 위치와 최종 목적지까지의 최단거리만을 알려준다. 부가적인 정보 따위는 주지 않는다. 다른 길로 들어선다면 어김없이 지정된 길로 가라고 경고 메시지가 나온다. 중간에 목적지가 수정되면 다시 목적지를 재설정해주어야만 새롭게 가고자 하는 곳으로 갈 수 있다. 요즘은 길을 잘못 들면 스스로 다시 리셋해서 길을 안내해주는 최신 버전 모드를 선호하고 있다.

반면, 나침반으로 길을 찾아가고자 할 때는 목적지까지 도달하는 과정이 여러 가지일 수 있다. GPS와는 달리 최선의 길을 알려주는 것이 아니라 방향만 잡아주는 것이다. 가는 경로는 철저하게 나의 몫이다. 나침반은 방향만 알려준다. 따라서 내가 목적지를 찾아서 끝없이 한 발 한 발 나아가야 한다.

스스로 목적지를 설정해서 가야 한다. 나침반이 알려주는 방향은 참고만 해야 한다. 따라서 도달하는 과정 자체가 가는 사람의 의지에 달려 있다. 빠른 길을 선택할 수도 있고 돌아갈 수도 있다.

여러 가지 길 중에서 능동적으로 자신에게 맞는 길을 찾아갈 수 있다.

지금의 세대는 GPS 형 길 찾기에 익숙하고 강하다. 꿈이 한 번 설정되면 잘못 길을 들어섰을 때 빨리 대처하지 못한다. 사고의 유연성이 현저하게 떨어지는 것이다. 항상 정해주는 길만 가던 학창시절의 습관이 사고마저 지배하는 것이다. 잠시 멈춰서 지나온 길을 점검하고 새로운 길을 찾는 데 서투르다.

인생은 평탄치 않다. 예기치 않게 벽이나 함정을 만나 부딪치기 때문에 뒤돌아가거나 새로운 길을 찾아야 할 때가 부지기수다. 그래서 나침반 형 인생설계를 해야 한다. 만약 내비게이션으로 인생의 목표를 설정했다고 해보자. 갑자기 계속 경고등이 켜지고 유턴하라, 좌회전하라, 혹은 목적지로 가는 길에서 벗어났다고 경고하는 소리가 나온다.

그런데 나침반에는 그런 경고는 나오지 않는다. 계속 혼자 방향을 찾아 결정해야 한다. 혹시 길을 잘못 든 건 아닌지, 이러다가 영영 도착하지 못하는 건 아닌지 불안하다. 하지만 자신이 자신의 길을 주체적으로 찾아다니면서 보내는 많은 시도가 전혀 헛된 것이 아니었다는 것은 시간이 많이 지난 다음에야 알 수 있으니 얼마나 아이러니한 일인가.

지금까지는 부모에 의해서 GPS의 목적지가 이미 설정되어 있었다. 그러다 보니 가고 싶은 대학에 들어가지 못하고 좌절을 경험하면 자력으로 일어나서 새로운 도전을 할 수 없는 경우가 많다. 주체적으로 선택하지 못하고 타의에 의해서 설정된 한 가지 목표만을 향해 계속 달려왔기 때문이다. 그래서 인생의 목표를 향해 나아갈 때 특히 20대에는 재설정을 잘해야 한다. 실패라는 것이 언제 어디서 튀어나올지 모르기 때문에 그것에 맞부딪쳤을 때 극복하는 훈련을 해야 한다. 그러기 위해서 나침반 형 인생설계가 필요하고 나침반을 통해 혼자서 방향을 잡고 다시 일어서는 학습을 해야 한다.

지금까지 획일화된 교육을 받아왔고 똑같은 길을 가는 것에 익숙하다. 다양성은 존중받지 못했다. 오히려 획일성에 어긋난다는 이유로 타인 취급을 받기 쉽다. 그러나 다른 사람들과 같은 길을 가지 않는다고 해서 틀린 것은 아니다. 다른 길로 가면 목적지에 다다를 수 없다고 미리 단정해서 대다수가 가는 길을 좇아가는 '흉내쟁이'들이 많다. 지금까지 획일화된 길을 따라서 자라왔을 것이다. 그렇지만 이제는 꼭 그런 길이 올바른 길은 아닐 수 있고 새롭고 다양한 여러 가지 길이 있다는 것을 깨달아야 한다.

자기가 다른 길로 가고 있다고 해서 절대로 불안해하거나 실패했다고 좌절하지 말라고 말하고 싶다. 20대는 언제든지 자기 삶을 변화시킬 수 있다. 자신의 인생을 실험하고 도전해야 한다.

세상이 학교다, 세상에서 경험하라

20대는 호기심이 아주 많은 시기다. 알고 싶은 것이 많고 경험이 적기 때문에 하고 싶은 것이 많다. 나이 때문에 하지 못하는 일도 없고 시간도 많다. 그런데 이상하게도 그토록 원하던 20대가 되었지만 호기심을 좇아서 하고 싶은 일을 하는 경우는 그렇게 많지 않은 것 같다. 많은 시간을 인터넷 댓글 쓰는 데만 흘려보내는 것은 너무 아깝지 않은가? 호기심이 멈춰지면 삶에 대한 생동감이 사라진다.

딱히 뭘 해야 할지 잘 모르겠다고 말하는 친구들도 있다. 그러나 자기가 좋아하는 것이 뭔지 조금만 생각해보면 세상은 호기심 천국이다. 호기심이 생기면 마음이 가는 대로 몸도 따라 움직여야 한다. 그것이 살아 있는 젊음을 사는 방식이다. 호기심을 충족시켜줄 만한 요소를 자꾸자꾸 찾아야만 한다. 이성에 대한 호기심도 많아진다.

사람에 대해 호기심이 많은 사람도 있다. 그렇다면 많은 사람을 만나보고 분석하면서 여러 가지 것을 배워나가면 된다. 호기심은 시작에 불과하다. 다음에는 호기심을 확산시켜서 가치화해야 한다. 호기심을 통해서 시도하고 학습해서 자기 것으로 만들어야 가치가 생긴다.

물론 어른들 말씀처럼 그 시간에 공부만 한다면 성적은 더 나을 수 있을지 모른다. 그러나 책상머리에서 하는 공부보다 더 중요한 게 있다고 생각한다. 허탈감, 패배의식, 결핍, 소극적 성향 같은 것이 돋아난다. 안 하고 참는 횟수가 많아지다 보면 정작 중요한 일까지 얽혀버리기 십상이다.

하고 싶은 일은 눈 딱 감고 저질러라. 직접 해보는 것과 속으로 삭이는 것은 그 결과가 완전히 다르다. 그 한 번의 시도가 인생을 바꾸어놓을지도 모른다. 세상이 학교다. 학교 수업은 세상에서 배울 수 있는 것에 비하면 발바닥에도 못 미친다. 세상에서 경험하라. 그 경험을 자신이 하는 일에 융합시켜낼 수 있다면 틀림없이 성공의 문이 열린다.

또 과정의 즐거움을 맛보면 시행착오를 겪는다고 해도 자신에게 득이 된다. 지인 가운데 모 대학 골프학과 교수가 있다. 그는 과거에 중학교 영어 선생님이었다. 어느 날 골프에 취미를 가지더니 뉴질랜드로 1년 연수를 다녀왔다. 그리고 매일 골프를 쳤다. 돌아온 후 모 대학 골프학과 석사과정을 밟았다. 영어 선생을 그만두고 지금은 골프학과 교수로 재임 중이다. 그녀는 골프를 무척 좋아했다. 하지만 주변 사람들이 무모하다고 했다. 중학교 교사면 나름 안정적인 직업이다. 왜 모험을 하느냐고 만류했지만 그녀의 귀에 들어오지 않았다. 그녀는 본인이 원하는 일을 하고 싶었다. 그래서 할 수 있는 온 힘을 다해 목표를 재설정하고 나아갔고 결국 목표를 달성했다. 호기심이 생겼고 확산시키고 매진해서 10년을 노력한 끝에 얻은 가치다.

인생을 살다 보면 예기치 않은 기회들이 찾아온다. 그것의 시작이 단순한 호기심에서 비롯되기도 한다. 예상치 못한 기회는 주어지지만 누구나 기회를 잡을 수 있는 것은 아니다. 이때 기회를 잡을 수 있는 것은 20대 때의 착실한 준비를 통해 가능하다. 더구나 나이가 들면 들수록 이런 기회들은 점점 적어진다. 자신에게 기회가 잘 오지 않을 뿐더러 그동안 살아왔던 습성 때문에 기회를 붙잡겠다는 마음을 내기도 어렵다. 새로운 일에 도전하고 싶은 마음도 잘 일어나지 않는다.

20대에는 무수히 많은 기회가 스쳐 지나간다. 20대는 인생에서 기회의 시기다. 사회생활을 막 시작하는 시기이기 때문에 하얀 도화지에 자기 인생의 밑그림을 어떻게 그릴지 고민하고 시도하게 된다. 그렇다고 마구잡이로 아무거나 그리라는 이야기는 아니다. 단, 시간을 효율적으로 쓰기만 한다면 무엇이든 인생의 그림을 그리고 지우기를 해봐야 한다는 것이다.

고독하고 또 고독하라

'난 혼자 못 있어.'

누군가와 같이 끊임없이 같이 있고자 하는 욕구는 본능적인 마음이라고 생각한다. 하지만 나 혼자 보내는 시간을 확보하지 않으면 나중에는 나만의 시간을 확보하기가 어려워진다. 특히 20대에는 시간 자체를 본인이 매니징하는 것이기 때문에 본인의 의지에 따라 시간의 유용 방향이 달라진다.

10대 후반이나 20대를 지나면서는 우울함이나 고독감과 일부러라도 가까워져 보는 것도 성숙한 삶을 사는 근원이 될 수 있다. 20대에는 모든 것이 미래지향적이고 밝고 희망적이기에 가벼움으로 삶 전체를 생각해서 순간적인 쾌락이나 일시적인 자극을 받아야만 하는 것으로 생각할 수도 있다. 그래서 문제가 생기지 않으면 우울함이나 고독감을 가지기가 쉽지 않다. 우울하고 고독하고 외로운 시간을 가져라. 그렇게 나만의 시간을 확보하면 생각이 깊어진다. 기분이 좋을 때는 하기 어려운 심도 있는 사고를 해보기도 한다. 심리적으로 다 그렇다. 많은 사람 사이에 있거나 기분이 좋을 때는 사색을 하거나 무언가를 추구하거나 연구하지는 않는다. 나 혼자 있는 시간을 갖고 일부러라도 우울한 시간을 가져보는 것이다.

밝게 살고 명랑하게 사는 것도 좋다. 하지만 20대가 가지는 나만의 우울한 시간은 긍정적인 방향으로 승화시킬 수 있다. 억지로라도 그런 시간을 갖지 않으면 만들어지지 않는다. 돌이켜보면 나에게 가장 보탬이 되었던 20대의 시간은 많은 책을 읽고 고독함을 즐기고 사람들과 단절된 채 몰입하고 사색했던 때다. 내가 깊어질 수 있는 정도의 우울함과 단절된 시간을 꼭 가져야 한다.

예전에 김대중 전 대통령이 감옥에서 영어를 마스터했고 많은 책을 읽었다고 했다. 나는 감옥에 갇혔던 그 시간이 무조건 부정적인 것은 아니었고 그 사람에게는 시간이 긍정적으로 중요하게 작용했다는 것을 알게 되었다. 20대 때는 선택하는 그런 시간을 일부러 만들어보는 것이 중요하다. 나는 평소에 사물, 현상, 관계에 대해서 깊이 사색하고 분석하고 정리해보는 내 머릿속 일련의 과정들이 삶에 중요한 결정을 할 때마다 많은 도움을 주곤 한다.

꼭 단절된 시간을 확보하라. 나만의 시간을 어떻게라도 확보해야 한다.

짧게는 하루에 한 번이라도, 길게는 일주일에 몇 시간이라도 나만의 시간을 잡아 나만의 명상을 해야 한다. 잡념으로 하는 게 아니라 나에게 일어나는 현상에 대해서 원인과 결과를 분석하고 되돌아보고 가치관을 정립하는 시간으로 쓰는 것이다. 돌이켜봐야 한다. 그런 것 없이 시간을 흘려보내면 나중에 나에게 일어나는 모든 일에 대해 습관적으로 답을 찾지 못하고 계속 방황만 하게 된다. 물론 정말 해결할 수 없는 하나님의 영역이 분명 존재하지만 "그 문제가 어떻게 돼가나요?"라고 질문해야 한다. 어떻게든 되겠다느니 답이 안 나온다느니 생각하기 귀찮다고만 해버리면 안 된다. 내 인생은 내가 주체다.

자기 인생에서 일어난 문제에 대해서 해결방안을 주체적으로 해결할 의지가 없기도 하고 깊게 생각하기도 싫다면 나중에 문제 해결 능력이 현저히 떨어지게 된다. 인생은 앞으로 너무나 많은 일이 일어나고 해결해야 하는 과정의 연속이다. 모든 사람이 모두 다른 환경에서 주체적으로 결정을 내리면서 살아가고 있다. 비교우위에 해당하는 단 한 사람의 편안한 인생은 결단코 없다. 문제를 회피하다 보면 주관적으로 해결할 의지가 없어지게 된다. 모든 현상에 대해 성찰하는 과정이 없었던 것이고 훈련이 안 된 것이다. 모든 문제에는 원인과 결과가 있고 해결책이 나와야 한다. 솔루션이 제공되어야 한다. 해결책은 깊은 사색에서 나온다. 항상 습관적으로 해야 한다.

    반드시 혼자만의 깊은 성찰과 사색의 시간을 가지길 바란다. 외로움이라고 느낄 수도 있는 그 젊음의 시간을 주체적으로 선택해서 즐겨라. 나하고 시간을 보낼 사람들을 찾아다니지 마라. 나와 관련된 모든 문제와 연결된다. 꼭 혼자 단절된 시간을 의식적으로 확보하고 그 습관을 길러야 한다. 내 의견을 갖는 것은 나만의 사색 시간에서 오는 것이다.

자신을 들여다보아라

　보통 인생에서 내가 주인공이 되어야 한다는 말을 많이 한다. 하지만 가끔은 자기 자신의 정체성에 대해 혼란을 겪을 때도 있다. 나이가 들면 차츰 깨닫게 되지만 아직은 부모님의 생각, 선생님의 생각, 경험이 좀 더 있는 친구나 선배의 생각에 따라 좌지우지되게 마련이다.

　그래서 많은 것들이 혼재되어 있다. 다른 사람의 의견이나 조언이 나에게 맞는지 아닌지 스스로 판단하고 선택할 수 있는 훈련을 해야 한다. 나에 대해서 객관화하기가 어려운 시기이기 때문에 자신이 무엇을 좋아하는지를 알아야 하고 알았다면 도전해야 한다.

　고등학교 시절까지는 오직 대학이라는 한 가지 목표를 향해서만 달려왔기 때문에 나만의 색깔을 찾는 데 많은 시간을 투자할 수가 없었다. 이제 내 앞에 펼쳐진 수많은 시간과 길들에서 인생을 채워나가려면 우선 나의 색깔을 찾는 것부터 시작해야 한다. 고등학교를 졸업하면 갑자기 너무 많은 시간이 생겨나기 때문에 비생산적인 시간을 쓰는 경우가 많다. 대학에 합격했다면 대학생의 삶을 생각하지 인생 전체를 놓고 자기가 살아갈 미래에 대해서 생각하는 경우는 거의 없다. 앞으로 어떻게 살아야 할지는 진지하게 생각하지 않는다. 그러나 이제부터 진지하게 그것을 생각해야 한다.

자기의 성향을 점검하는 것도 중요하다. 직업을 선택할 때도 중요한 단서가 될 수 있다. 자신의 장단점을 살려서 어떤 직업을 선택하더라도 장점이 잘 발휘될 수 있도록 해야 한다. 20대는 직업에 대한 감이 잘 와 닿지 않는다. 자기에게 무슨 직업이 맞는지 잘 모른다.

대부분이 자기 직업에 대해서 미리 알고 선택하지 못한다. 그저 하다 보니까 지금의 직업을 갖게 되는 경우가 많다. 스무 살까지는 공부밖에 해본 것이 없으므로 실제로 자기 자신에 대해서 무지하다. 따라서 자신의 성향을 파악하는 것이 아주 중요하다. 내가 누구인지, 자기 자신이 원하는 것이 무엇인지, 내가 할 수 있는 것이 무엇인지, 내가 좋아하는 것이 무엇인지를 이해해야 한다.

남과는 다른 나만의 차별점을 찾아야 한다. 다중적인 내적 성향은 누구나 갖고 있다. 그중 자기화를 할 수 있는 강한 성향을 더 개발하고 집중하는 것이 좋다.

예를 들어보자. 교사가 꿈이어서 대학을 갔다고 하자. 교사는 학생을 가르치는 직업군의 하나이기도 하지만 학교 조직 속의 하나이기도 하다. 이 둘은 사실 아주 다르다. 나에 대한 파악이 우선되어야 한다. 내가 교사로서 맞는 인성을 가졌는지, 공무원이라는 조직이 나와 맞는지 등도 파악해야 한다. 관념적인 교사와 직업적인 교사는 다르다. 내가 공무원이라는 조직 속에서 교사 일을 잘 해나갈 수 있는지도 정확히 판단해야 한다. 대부분은 관념적인 교사라는 직업만 생각하고 결정해서 낭패를 보는 예도 있다.

누구나 가능성이 있다. 자기가 의도하든 의도하지 않든 다른 방향으로 갈 수도 있다. 처음에 꿈을 발견하고 그 길을 가는 사람은 행운이다. 하지만 그 꿈을 발견하지 못해 사는 내내 일상의 바퀴 속에 끼어 시들어갈 수도 있다. 그 선택은 처음부터 자기 자신을 들여다보는 데 집중하다 보면 실패 확률을 훨씬 줄일 수가 있다. 그것이 무엇보다 대학의 레벨이나 전공의 종류보다도 선행돼야 한다.

인생은 마라톤이다

조급해할 것은 없다. 인생은 생각보다 길다. 따라서 인생 지도를 그릴 때는 장단기 계획을 구분해야 한다. 장기라고 하면 보통 10년을 노력해서 달성할 수 있는 목표를 말한다. 결혼, 직장에서의 위치 등에 관한 목표가 이에 해당할 것이다. 지금부터 10년 후를 떠올리면 아주 멀게만 느껴지기 때문에 막연한 계획을 세우게 된다. 하지만 이제부터는 서른 혹은 마흔이 된 내 모습을 계속해서 상상해야 한다. 지금 어떻게 살고 있는지에 따라서 그 모습은 확연히 달라진다. 장기 계획은 10년 후를 내다보는 지도를 그려보는 것이다.

장기 계획을 세웠으면 5년 정도를 끊어서 중기 계획을 세우고 단기 계획은 1년 단위로 세우면 된다. 인생지도의 장기 계획은 학업의 연장, 직장에서 자신의 위치, 결혼, 창업 등으로 나뉜다. 장기 계획을 세우면 어느 정도 자기 인생설계도가 나온다. 학업을 마치면서 취직을 하고 취직했으면 직장에서 어느 정도의 위치에 올라갈 것인가를 목표로 세운다. 취직해서 몇 년이 지나면 창업을 하고 몇 살에 결혼할 것인지도 계획을 세워야 한다.

장기 계획에서 본인이 어떤 것을 선택하느냐에 따라 중기 계획으로 간다. 예를 들어 창업 후 5년의 좀 더 구체적인 계획을 세우는 것이다. 중기 계획은 학업이나 직업 개발을 위한 능력 배양이나 생활 독립을 위한 경제적 토대 마련을 위한 다양한 재정계획도 포함된다. 반면 단기 계획은 중기 계획을 위한 기본 시장조사와 개인의 역량을 위한 실행 계획이다.

특히 단기 계획은 본인의 의지와 성실도가 수반되어야 하는 부분으로 반드시 90퍼센트 이상의 성취도에 도달해야 한다. 예를 들어 창업하겠다는 장기 계획을 가진 사람이 직장 초년생이라면 중기 계획에서 창업시기가 정해진다. 시드머니를 언제 어떻게 만들어서 어떤 직종으로 창업하겠다는 계획을 세운다. 지금 하는 일과 병행하면서는 할 것인가도 고려한다.

1년 단위의 단기 계획에 성공하고 나서 맛보는 성취감은 무엇과도 바꿀 수 없는 자신감을 부여해준다. 이 자신감은 중기, 장기 계획을 성공적으로 이끌어가는 최선의 무기가 된다. 이렇게 장기 계획-중기 계획-단기 계획으로 가는 인생지도를 통해서 갈 길이 정해진다. 장기 계획은 중기 계획에 영향을 미치고 중기 계획은 단기 계획에 영향을 미친다. 예로 창업이 장기 계획이라면 직장생활의 경력이 정해지고 확보해야 할 경제적 규모가 정해진다. 단기 계획으로는 창업에 필요한 계획, 즉 1년 안에 어떻게 할 것인가를 정하는 것이다. 이른바 창업에 필요한 모든 학습이 필요하다.

20대는 아무리 발버둥치고 몸부림치며 노력해도 현재 내 처지에서 벗어나기가 어렵다고 느낄 것이다. 상황이 많이 바뀌지 않으니까. 장기 계획을 세우고 중기를 지나 단기 계획을 차근차근하면서 그 꿈에 다가가고 있다는 느낌을 받아야 꿈의 실현이 가능하다. 확실하게 끊임없이 동기부여해 줘야 한다.

마지막으로 모든 계획을 세워 인생지도를 완성했다면 정기적으로 목표 달성 정도를 체크해야 한다. 최소 3개월 단위로 할 것을 권유한다. 3개월 단위로 정밀하게 점검해서 잘못되었다면 심기일전해서 리셋해야 한다. 신년계획처럼 한 번 세우고 나서 그 이후로 한 번도 들춰보지 않는 것이 아니라 회사에서 세우는 계획처럼 수시로 점검하는 프로세스를 만들면 좋다. 조직적이고 체계적인 스케줄링을 해보는 것이다.

인생지도를 그렸다면 어떻게 실천해야 할까? 사람의 능력에는 한계가 없다. 한계가 있다면 사회가 정해놓은 관념적인 잣대일 뿐이다. 인생을 길게 보면 세상에는 흥미로운 일들이 차고 넘친다. 도전하고 이뤄낼 수 있는 일들이 얼마든지 있다. 단, 인내와 열정으로 로드맵을 채워야 한다. 인생은 그렇게 바꿔나가는 것이다.

흔히 젊음을 불태우라는 말을 많이 한다. 시간이 짧으니 더더욱 순간적으로 활활 태우라고 한다. 그 말을 20대는 젊음의 순간을 만끽하고 즐기는 것으로 착각한다. 그러나 인생이 길다는 것을 안다면 그 시간을 허투루 보내서는 안 된다는 것을 알게 될 것이다. 젊음은 20대에 끝나는 것이 아니다. 불태울 수 있는 시간을 늘리는 방법을 찾아야 한다. 사람에 따라 30대, 40대까지도 젊음은 계속된다. 길게 보고 멀리 보는 안목을 가져야 한다. 20대의 젊음을 훨씬 더 길게 유지하는 방법을 찾는 것이다.

세상 어디에서 어떻게 쓰일까

　인생지도를 그리다 보면 내가 전혀 모르는 분야에 내 직업이 있을 수 있다는 것을 알게 된다. 또 생각의 폭을 확장시켜주기도 한다. 사실 우리는 알고 있는 직업군이 별로 많지 않다. 직업에 대한 생각의 폭과 넓이는 주변의 성공한 사람에게서 얻는 것으로 정해진다. 잡지에 실린 성공 스토리에서 또는 부모나 친척에게서 얻는다. 누가 어디에서 무엇을 하는데 연봉이 얼마라더라 식의 이야기에서 부정확하고 모호하게 알게 된다.

　따라서 자신에게 꼭 맞는 직업을 선택하려면 직업에 대한 풍부한 데이터를 축적해야 한다. 직업을 선택할 때 세심하게 찾아봐야 한다. 또 내가 선택할 수 있는 직업군을 일일이 나열해보는 것도 필요하다. 주변에서 생계를 목적으로 아주 독창적인 일을 하는 사람을 본 적 있는가. 드물 것이다. 내 직업과 내 직장을 스스로 만들어야 한다. 이미 있는 자리에 내가 가는 게 아니라 내가 가서 내 자리를 만들어야겠다는 의지도 있어야 하고 실제로 만들어보는 것도 아주 중요하다. 지금은 비인기 직종이지만 10년 20년 후에 어떻게 될지 모를 일이고 지금은 최고의 인기 직종일지라도 사라져버릴 직업들도 있다.

예를 들어 정보검색사란 시험과 직업이 있었다. PC 통신에서 인터넷으로 전환되던 시절에 이런 직업이 잠시 유행을 했다. 자격증을 취득하는 대학생들도 상당수가 있었다. 그러나 지금은 그 직업이 유명무실해졌다. 인터넷 시대에 누구나 하는 검색을 직업으로 택할 사람은 그리 많지 않을 것이기 때문이다. 그 직업이 목표였던 사람은 지금 무얼 하고 있을까. 물론 다른 직업을 찾았을 것이다. 만약 어떤 사람의 직업 목표가 정보검색사였다면 그 직업이 없어졌을 때 굉장한 상실감과 허탈감을 느끼게 될 것이다.

그러므로 직업 자체가 꿈이나 목표가 되면 안 된다. 직업은 언제라도 바뀔 수 있다. 직업 데이터에 현존하는 직업이나 10년, 20년 후에 생길 직업을 생각해야 한다. 과거에는 우대를 받았으나 현재는 홀대받는 직업도 생각해야 한다. 그러니 어떤 한 직업이 유일한 목표가 되어서는 안 된다. 직업은 내 꿈을 기반으로 언제든지 바뀔 수 있다. 그래서 직업보다는 '직업군'을 목표로 잡아야 한다. 직업군을 목표로 잡으면 그 직업군 내에서 그동안 쌓아온 경력을 버리지 않고도 내 직업을 선택할 폭이 넓어진다. 그래서인지 나의 20대는 다양한 직업군을 경험하고 섭렵하는 데 많은 시간과 노력을 썼다. 나는 예전에는 회사원, 대학강사, 공무원, 학원강사, 동시통역사, 판매원, 자영업자, 투자자 등 많은 직업군을 거치면서 지금은 한 회사의 CEO로 자리매김했다. 다양한 직업을 경험해본 것이 나를 여기까지 오게 하는 동력이었고 밑거름이었다, 그 어떤 하나의 직업도 쓸데없는 시간 낭비였던 순간은 없었다.

인생에서 직업을 선택할 때는 큰 그림을 그려야 한다. 그러려면 훨씬 더 많은 경험을 쌓아야 한다. 내가 원하는 일이 세상 어디에서 어떻게 쓰이는지를 알아야 한다. 아는 만큼 보인다는 말은 여기에도 적용된다. 내가 오래전부터 여러 종류의 직업을 경험한 이유도 인생지도를 그렸기 때문이다. 내 꿈은 여러 종류의 분야가 있는 회사를 경영하는 것이었다. 그래서 그 꿈에 다가가고 있다.

나는 돈이 아주 많지도 않지만 내 꿈을 이룰 돈을 항상 확보하려고 노력한다. 최근에는 또 다른 꿈을 꾸고 어떻게 해야 할까를 고민하고 있다. 먼저 여러 분야의 사람들을 알아보고 내 회사에서 일할 사람을 확보하고, 그 하나하나의 회사를 만들 경험을 쌓고 있다. 그게 내 목표다. 세부 단기 목표는 내가 모르는 다양한 분야의 사람들과 접촉하면서 업무 파악을 하는 것이다. 꿈은 확장될 수 있다. 꿈이 확장됨에 따라 내 목표와 내 직업의 연결고리가 바뀌어가는 것이다.

할 일은 많다

　우리는 눈에 보이는 결과에만 치중하는 경향이 있다. 대학에 들어갔다고 모든 것이 끝나는 것이 아니다. 결과보다는 과정과 행위에 초점을 맞추자. 성취는 저절로 오는 것이 아니다. 어떤 목표치를 이루었든 실패했든 행위에 초점을 맞추면 또 다른 목표를 향해 과감히 다시 도전할 수 있다. 그래서 다음번에 더 큰 목표를 세워 나아갈 때도 행위의 중요성을 알면 어떤 마음가짐을 가져야 할지 자연스럽게 알게 된다. 막연한 동경심만으로 얻을 수 있는 것은 아무것도 없다. 그리고 설령 목표를 변경했을 때도 행위에 초점을 맞추게 되면 사고의 유연성을 갖게 된다.
　세상 사람들은 명문대를 선호한다. 그것을 학벌주의라고 매도하고 싶지는 않다. 명문대 진학이 갖는 의미는 적지 않다. 명문대

합격이라는 사실이 수험생에게 주는 것은 그 대학의 학생증이 아니다. 하나의 목표를 이루기까지의 노력과 성실에 대한 축하다. 그것이 이후의 삶에 긍정적으로 작용한다. 놀고 싶은 것 다 놀고 명문대에 진학하는 사람은 없다. 기업이 명문대 졸업생을 선호한다면 그 가치를 알고 뽑는 것이다.

하지만 명문대 출신이라고 반드시 사회에서 성공을 거두는 것은 아니다. 오히려 부모와 학교가 정해준 틀 안에서의 모범생들은 순종적이고 이론적이라 도전적이고 진취적인 삶을 살게 될 확률이 떨어진다고 이야기하기도 한다. 그래서 결국은 아주 큰 성공을 거두기도 힘들다고 한다.

남이 하는 대로 스펙을 쌓는 모방자imitator는 잠시 성취의 기쁨을 맛볼 수는 있겠지만 오래가지 못한다. 세상은 결국 자기 주도적으로 삶을 개척하는 '선도자initiator'가 이끌어나가는 법이다. 그러니 출발선이 뒤처졌다고 울상 지을 이유가 없다. 자신의 인생을 꿰뚫는 로드맵이 있다면 얼마든지 잘살 수 있기 때문이다.

그러니 혹시 대학입시에 원하지 않던 결과가 나오더라도 비참해하거나 우울해할 필요는 없다. 나 자신의 삶에 집중할 기회가 주어졌다고 오히려 기뻐해야 할지도 모른다. 다른 사람들이 겪지 않는 시련을 겪고 더욱 단단해지는 기회가 될 수도 있으니까.

이제 겨우 스무 살 남짓인데 벌써 조로현상을 보여서는 안 된다. 스무 살은 진짜 자기 삶을 시작하는 나이인데도 다른 미래를 꿈꾸지 않는다면 그 인생은 죽어가는 것이다. 열정을 품어라. 오늘과는 다른 내일을 꿈꾸어야 한다. 지금은 뭐든지 부족한 것이 당연하다. 그것을 인정하는 것부터가 시작이다. 아직 콤플렉스에 시달리고 있다면 빨리 훌훌 털어버려라. 인생은 길고 할 일은 많다는 점을 명심하라.

미래는 미지다

　미래 예측은 점점 더 힘들다. 빌 게이츠는 『생각의 속도』에서 앞으로 10년은 이전 50년보다 더 크게 변할 것이라고 말했다. 변화의 주기가 점점 짧아진다는 얘기다. 지금 인기 있고 안정적인 직업과 직장이라 할지라도 10년 후 미래에 어떤 상황에 놓일지는 아무도 모른다. 지금 중요하다고 해서 너도나도 하는 스펙 쌓기 역시 일정 시간이 지나면 불필요한 일이 될 수도 있다. 그것은 아무도 모르는 일이다.

　중요한 것은 스펙을 넘어 특별함을 키워야 한다는 것이다. 잘 나가는 기업도, 100퍼센트 성공이 예상되는 비즈니스 전략도 반드시 백업 플랜back-up plan을 준비해야 한다. 인생도 마찬가지다. 변화무쌍하고 예측 불가능한 인생에서 B플랜의 중요성을 얘기하는 것은 바로 이 때문이다.

✱ 액션 플랜

자신의 성향이 어떤지 알아보고 나서 직업을 찾고 액션 플랜action plan을 짜야 한다. 액션 플랜은 실제로 자기가 무엇에 관심이 있고 어떤 직업을 선택할지 정하는 것이다. 그렇게 직업을 선택했다면 구체적으로 어떤 준비를 해야 할지 계획을 세운다. 예를 들어 자기가 원하는 직업이 체력을 요구하는 것이라면 그에 맞는 계획적인 실천을 해야 한다.

하루에 1시간씩 무조건 체력을 키우는 운동을 한다. 외국어가 필요한 직업이라면 어떻게 할 것인지 액션 플랜을 다각화해놓자. 모든 계획은 글로 적어서 정리해봐야 한다. 생각을 해보는 것과 말로 하는 것과 글로 써보는 것은 매우 다르다. 내가 목표를 정하고 꿈을 정하는 데 대단히 많은 영향을 끼친다.

✱ 플로 차트

플로 차트flow chart는 어떤 목표를 향해서 출발했을 때 각 단계에서 다음 단계로 넘어가는 것을 일목요연하게 보여준다. 액션 플랜을 다각화하는 작업이 끝나고 실제로 출발을 하면 플로 차트는 자신이 도달하려고 했던 목적지를 잃지 않게 해준다.

어떤 길을 갈 때 오직 한 길만 있는 것은 아니다. 중간마다 다른 길이 나타나기 때문에 목적지를 향하고 있지만 다른 샛길로 갈 수도 있다. 이때 한 방향으로 가고 있지 않다고 해서 목적지에 도달하지 못하는 것은 아니다. 만약 단계적인 중간 목표에서 실패했을 때 다른 길로 우회할 수 있는 B플랜을 세우는 것도 중요하다.

한국에서는 어떤 꿈을 실현하기 위해서는 정형화된 길이 있는 것처럼 인식되어 있다. 그래서 첫 단계에서 실패하면 그 꿈을 포기해야 하는 것이 기정사실처럼 받아들여진다. 그러나 다시 말하지만 꿈과 목표를 이루는 길이 하나인 것은 아니다. 나침반 형 인생지도를 그리라고 했던 것도 그 이유에서다.

✱ B플랜

B플랜이란 행위의 B플랜이 아니라 목표의 B플랜이다. 내 인생의 차선책을 말하는 것이 아니라 목표에 도달하기 중간과정에서 분명 B플랜이 있어야 한다는 것이다. B플랜은 꿈에서 목표로 향해 가는 중간과정이다.

꿈을 꾸고 목표를 가질 때 그 직업 하나만 생각하지 말고 다른 여러 가지 대안을 마련해놓는 것이다. '꿈이 뭐야?' 할 때 예전에는 아이들이 대통령이요, 장군이요, 외교관이요 하면서 포괄적으로 생각하다가 나이가 들면서 이제는 꿈이 줄어들고 공무원이나 대기업 취직 등 아주 구체적인 직업으로 좁혀진다.

    B플랜은 원하는 목표를 이루기 위해서 정말 중요하다. 디자이너가 되는 꿈을 꾸었는데 명문 미대를 가지 못했다고 해서 포기하는 것은 어리석은 것이다. 그 목표를 이루기 위해서 B플랜을 계획하고 준비하여 열심히 노력하면 원래 목표를 이루는 길을 찾게 된다. 비록 조금 돌아서 가더라도 그 과정에 집중하면 결과는 훨씬 더 값진 보상으로 다가올 수 있다.

퍼스널 라이프를 계획하라

퍼스널 라이프의 정의를 내린다면 '내가 주로 하는 활동 행위(학생이라면 공부, 직장인이라면 일 같은 생산적인 소득을 가져오는 일) 외의 시간을 보내는 모든 것들'이다. 그 시간을 내가 어떻게 보내고 어떤 일을 하는지를 찬찬히 살펴봐야 한다. 나의 퍼스널 라이프를 어떻게 관리하는지 생각해보라. 그 시간을 어떻게 보내느냐가 내가 주로 하는 활동에 영향을 끼친다. 퍼스널 라이프를 짜임새 있게 보내야 한다.

퍼스널 라이프는 장기적으로 모여 큰 것을 이룰 수 있는 인생의 귀중한 시간이다. 흔히들 '여가'라는 말을 하지만 여가란 남는 것이란 뜻이지 않은가. 우리에게 남는 시간이란 없다. 사람에게 주어진 시간 중에 여가란 없다. 모두가 내 시간이다. 내 시간 중에서 주로 하는 활동을 제외하고 무엇을 하고 있는가? 퍼스널 라이프를 잘 운용해서 뭔가 하나에 일정 시간 노력을 들여 어느 정도 결과를 가져올 수 있도록 해야 한다.

꿈이나 목표처럼 아주 세분화하지 않더라도 시간 투자를 해야 한다. 그리고 일정 시간을 투자했으면 결과를 가져와야 한다. 음악을 듣거나 책을 읽을 때도 그냥 시간만 보내는 것이 아니라 무언가 성취를 해야 한다. 예를 들어 낚시에 취미를 붙였다면 물고기를 잡아 요리할 수 있는 정도는 되어야 한다. 기타를 배웠다면 기타를 치면서 남 앞에서 노래를 부를 수 있을 정도는 되어야 한다. 그런 일정한 성취를 이루어내는 것이 자신감을 준다. 또 내가 직업으로 하는 일에도 긍정적인 영향을 미치게 된다.

자신이 재미있어 하는 것에 시간을 보내는 방법에 대해 생각해보자. 술집이나 카페에 앉아 친구들과 술잔을 기울이고 잡담을 나눈다. 20대에는 이처럼 간단한 재미를 즐기면서 많은 시간을 보내는 경우가 허다하다. 특히 혼자서 인터넷을 하거나 스마트폰으로 단순한 게임을 하면서 보내는 시간도 상당하다. 그러나 그렇게 시간을 소비하는 것이 퍼스널 라이프를 즐기는 것은 아니다.

20대가 되면 갑자기 늘어난 자유 시간을 주체적으로 소비할 줄 모른다. 고등학교 때까지는 입시라는 구체적인 목표가 있었다. 하지만 그것도 순식간에 사라져서 심리적으로 자유로움과 불안정함이 혼재된 시기다. 그렇게 불안하고 약간은 방황하는 마음이 섞여 아직은 구체적으로 새로운 모험이나 도전할 거리를 찾지 못하기 때문에 단순한 즐거움만을 찾아 허송세월하기가 쉽다. 그래서 마치 연착된 차를 기다리는 사람처럼 모든 시간을 자투리 시간처럼 쓴다. 뭔가 목표를 성취하기 위해 뭉텅이로 시간을 쓰는 경험을 해보지 못하게 된다.

20대 초반의 퍼스널 라이프는 간단하고 단순한 재미를 찾아 즐기는 것이 대부분이다. 그래서 미뤄진 약속시각을 기다릴 때 무료한 시간을 빨리 보내기 위해 쓰는 것처럼 무려 몇 년을 그냥 흘려보내기도 한다.

물론 이런 시간이 필요하기는 하다. 다만 생각 없이 이런 시간을 오랫동안 지속하면 누구나 후회하게 된다는 점을 일찍 깨닫는 것이 좋다. 그리고 친구들과 함께 놀 때도 그 시간에 대해 생각하고 조금이라도 의미를 부여해보는 연습을 하면 좀 더 재미있고 신나게 놀 수 있다.

우리는 인생을 살면서 내내 심각하고 진지하게만 살지는 않는다. 당연히 휴식이 필요하고 여가와 놀 거리가 필요하다. 클럽에 갈 때도 있고 술을 마실 때도 있고 커피를 마시면서 수다를 떠는 것도 필요하다. 이러한 잔재미 말고 한 번은 미치도록 놀아보는 것도 필요하다. 그러기 위해서는 조금은 계획이 필요하다. 나는 정말 잘 놀기 위해서 노력하고 이왕 놀 바에는 제대로 배워서 놀아야 한다고 생각하는 편이다. 자기가 스키 타는 것을 좋아한다면 정말 멋지게 활강을 할 때까지 연습해보는 것도 필요하고 뭔가 하나를 시작했으면 끝장을 보는 것이 20대가 누릴 수 있는 특권이라고 생각한다.

퍼스널 라이프는 단지 노는 것만 해당하지는 않는다. 하루 24시간 중에서 대체로 삼 분의 일은 학교 혹은 직장 그리고 나머지 대부분 시간은 가족, 친구들과 함께하기도 무엇인가를 하고 있다. 물론 개인마다 처한 환경이 달라 비율의 정도가 다르기는 하지만 어쨌든 생산적인 활동 이외의 시간이 분명 존재한다는 것이다. 다시 말해서 인생의 삼 분의 일 정도를 학업과 직업활동에 집중하고 나머지 삼 분의 이는 퍼스널 라이프 관계에 놓여 있는 것이다. 아무도 인생의 반수를 넘게 차지하는 그 시간의 그 소중함을 인식하지 못하고 있다. 마치 공기나 물처럼 의미 없이 보내기도 한다. 퍼스널 라이프의 가치를 무시하는 처사다.

진학 혹은 직장 맵을 구성하듯 개인생활도 맵핑이 필요하다. 강의나 수업이 끝나고 혹은 퇴근 후가 되면 또 다른 시작이 기다리는 것이다. 여기에도 전략이 필요하다. 커리어는 조직적으로 구성하거나 계획을 세우지만 개인사는 그런 계획을 하지 않는다. 플랜을 세워야 한다.

직업에서는 장기 단기 플랜을 짜고 전략을 세우는 데 익숙해지도록 노력하면서 이러한 훈련을 개인사에서는 적용하려 하지 않는다. 개인사에도 조직적인 사고와 플랜을 하면 인간관계도 훨씬 편하고 유연해진다. 예를 들어 20대에 여행 플랜을 짜는 훈련을 해보지 않으면 평생 패키지 여행만 할 수밖에 없는 것처럼 말이다. 바로 당장 계획하고 연구를 시작하라. 스스로 결정하는 훈련을 하라.

아직 20대는 시간을 규모 있게 통제하지 못하기 때문에 눈앞에 펼쳐진 시간을 어떻게 통제할 줄 모르는 것이다. 알면 할 수 있다. 연습하고 훈련하면 된다. 직장생활이나 대학생활이 개인생활과의 경계가 모호한 경우를 깊이 되짚어보고 효율적인 시간활용을 하는지 점검해야 한다. 시간에 대한 과감한 실행을 위한 자아통제와 자투리 시간 활용만이 전적으로 나만의 시간을 확보할 수 있다. 이는 긴 시간 동안 훈련으로 이루어지는 것이기 때문에 간단하고 쉬운 첫걸음부터 실행에 옮기는 게 좋다. 조금은 야박하게 보이고 이기적으로 보일 수 있지만 철저한 내 중심적 사고의 시간활용만이 이 훈련을 통해 성공적인 퍼스널 라이프의 효율을 극대화할 수 있다.

시간을 '쓴다 waste, spend'는 것과 시간을 '사용한다 use'는 것의 차이는 무엇일까? '스펜딩 타임 spending time'은 시간이 흐르는 곳에 내가 있는 것이다. 수동적인 우리의 모습이다. '웨이스트 타임waste time'은 시간을 효용가치가 없는 곳에 쓰고 있거나 썼다고 인식을 해버린 절망적인 기분까지 포함되어 있는 것이다. '유즈 타임use time'은 내가 있는 곳에 시간이 오는 것이다. 그래서 우리가 주체적으로 시간을 활용해야 한다. 능동적인 우리의 모습이다.

시간을 쓰는 우리 자신을 명확하게 파악할 줄 알아야 한다. 흐지부지 쓰는 사람인지, 명확하게 구분을 하고 쓰는 사람인지, 중간마다 혼합해서 쓰는 사람인지 등을 파악해야 한다. 본인의 성향과 패턴은 인간관계뿐만 아니라 시간에 대해서도 마찬가지다. 이러한 자기의 패턴은 20대에 미리 파악해서 성숙하게 해야 한다.

퍼스널 라이프에 대한 시간을 커리어의 향상에 투자하는 사람이 있다. 이 경우는 커리어를 위해 언어, 컴퓨터, 기타 관련 지식을 채우는 데 시간을 투자한다. 직종, 직장과 연계하여 외국어에 집중하거나 관련 지식을 습득하기 위해 각종 포럼, 세미나, 전문학원의 문을 두드릴 것이다.

반면 퍼스널 라이프를 커리어와 철저히 분리하는 시간도 있다. 스트레스 해소뿐만 아니라 다른 본연의 호기심을 채우기 위해 상반된 관심사에 시간을 투자하는 것이다. 오토바이에 유독 관심이 가면 오토바이 클럽에 가입하여 함께 투어를 가거나 정기적으로 드라이브 기술을 나누면서 다른 직업 종사자들과 관계를 맺는다.

이런 경우의 관점이나 방법도 모두 좋다. 다만 어쨌든 그 시간만큼은 그것이 무엇이 됐든 몰입하기 바란다. 완전히 집중해서 커리어의 확장과 유지에 쏟아내는 에너지와 개인사에 쏟아내는 에너지를 서로 결합하여 교감을 이루고 열정적으로 쏟아내야 한다. 해봤더니 아니면 어떤가, 바꾸면 된다. 시도하지 않는 인생은 죽어 있는 인생이다. 정해진 속도로 일정 레일을 달리는 기차를 부러워하지 마라. 이 두 에너지는 반드시 조화를 이루어야 한다. 어느 한 쪽의 에너지가 기울어서는 안 된다. 인생은 오프로드다.

2장 청춘의 항로

어떤 어려움이나 역경을 겪으며 미지의 세계로 나가는 것이 모든 인생의 길이지만 20대는 정말 아무것도 보이지 않는 안갯속을 걸어가는 것과 같다. 짙은 안갯속에선 그저 한 발을 내딛는 것 자체가 두렵다. 그래서 속도를 낼 수 없다. 안갯속에서 운전해보면 알 수 있다. 절대 함부로 속도를 낼 수 없다. 한 치 앞도 보이지 않으니 많이 돌아보고 신중하게 천천히 가야 한다. 하지만 신비하게도 안갯속에서 운전하다 보면 모든 길이 완전히 캄캄하지는 않다는 것도 알게 된다. 어느 순간 반짝 어느 구간이 환해질 때가 있다. 그러면 잠깐 속도를 낸다. 그러다가 다시 어두워지면 바로 속도를 늦춰야 한다. 미등을 켠다. 길을 가는 구간 구간마다 신호가 온다. 그것을 느낄 수 있다.

누구에게나 트라우마가 있다

    트라우마는 서서히 극복하는 것보다는 단칼에 자르는 방법을 권하고 싶다. 수술할 때 뭔가 안 좋은 곳을 잘라내듯이, 상처를 남겨두면 안 되듯이. 빨리 수술과 처치를 잘 해내고 약을 바르고 복용도 하고 주사도 맞고 재생과정을 잘 거치면 새살을 잘 돋게 할 수 있기 때문에 과감하게 잘라내야 한다.

    사람은 누구나 자신만의 트라우마가 있다. 어떤 성격의 것이든 트라우마를 극복하고 회복하고 재생하는 과정을 겪은 후에 성장의 다음 단계로 넘어갈 수 있다. 그러나 많은 이들은 트라우마를 계속 안고 살아간다. 극복하고 회복하고 재생하는 그 단계를 거치지 않고 아무런 시도도 하지 않은 채 고통받으면서 지속해 나간다면 그 안에서 상처받고 감정을 낭비하면서 발전적인 단계로 자신을 진화해 나가지 못하게 된다. 재생, 회복이란 영어로 리바이 탈라이즈revitalize. 즉 다시 생명력이 있도록 바꿔주는 것이다. 죽은 것을 없애주는 것이다. 상처에 대한 치유 또는 재생 등을 하려면 무엇인가를 제거해줘야 한다. 제거할 것이 무엇인가를 리스트업하고 끄집어내어 버려줘야 한다.

    죽은 것들은 갖고 있지 말고 비워줘야 한다. 버리고 비우는 작업을 수시로 해야 한다. 메모리가 꽉 채워진 곳엔 어떤 것도 들어갈 수 없다. 인생에서 중요한 것들, 우선순위를 정하고 나서 버리고 나면 정작 새롭게 다시 시작해야 할 길이 보인다. 컴퓨터도 파일 정리할 때를 생각해보라. 날짜가 오래된 것들을 버리고 더는 쓸모없는 파일들도 지우고 하는 일련의 액션들이 내 컴퓨터의 속도를 개선한다. 그런데 지우지 않고 그냥 안고 간다면 계속해서 과부하가 걸리고 언젠가는 하드디스크가 멈춰버릴지도 모른다. 사람들은 버려야 하는 방법, 지우는 특별한 방법이 있을 것으로 생각하지만 그것은 아주 간단하다. 이 세상의 그 어느 것도 나 자신만큼 소중하지 않다고 생각하는 자존심의 회복이 가장 중요하다. 귀찮아서 안 버릴 수도 있고 그냥 안고 가더라도 뭐 큰 영향이 있겠냐고 생각할 수도 있다. 가볍게 생각하지 마라. 트라우마는 긴 인생의 여정에서 반드시 빨리 제거해야 할 독소다.

    모든 트라우마는 대부분 잠재의식 속에서 영향을 끼친다. 이때 극복하는 방법으로 택하기 가장 쉬운 것은 조력자를 찾는 것이다. 버리고 채우고 나서 재생할 수 있도록 돕는 조력자가 어딘가에 있을 것이다. 잘 지울 수 있도록 도와주는 무언가를 잘 찾아가라. 직접 도움을 받을 수 있는 절대자일 수도 있고 속을 내보일 수 있는 사람일 수도 있고 책이나 음악일 수도 있다. 가끔 보는 영화일 수도 있고 혼자서 훌쩍 떠나는 여행일 수도 있고 집중해야 할 학업일 수도 있고 성취해야 할 커리어일 수도 있다. 무엇인가에 몰두할 수 있는 곳에 도움을 받아라. 나만의 일련 과정을 통해서 비우고 버리는 작업을 한 후 재생을 해야 한다.

재생한다는 것은 힐링과는 다르다. 힐링은 평온한 상태로 되돌려놓는 것이지 다시 전투의 삶으로 돌아갈 수 있게 하는 것이 아니다. 재생은 다시 살기 위해서 하는 것이다. 소생해서 삶의 터로 갈 수 있게 하는 것이다. 재생은 힐링이나 리프레쉬하는 것과 다르다. 새살이 돋으려면 썩은 부분을 긁어내야 한다.

상처를 가만히 두면 요철이 생기면서 아문다. 상처의 요철을 평평하게 해두지 않으면 흔적이 너무나 많이 남아 계속 자신을 괴롭히게 된다. 다시는 그 상처가 거기 있었다는 것을 나 모르게 해야 할 정도로 단순화해야 한다. 다 버리고 긁어내고 다시 일할 수 있는 상태, 뭔가를 할 수 있는 리셋의 상태로 가는 것이다. 깨끗하게. 그게 재생이다.

무엇을 원하는가

"우리는 커서 뭐가 될까?"

20대들에게 친구들과 만나면 무슨 이야기들을 나누느냐고 물어보았다. 대부분이 커서 뭐가 될까에 대해서 이야기를 나눈다고 했다. 이미 스무 살이 훌쩍 넘은 나이다. 그런데도 그들은 아무도 자신이 '성인'이라고 생각하지 않았다. 이미 다 컸는데도 "우리는 나중에 뭐가 될까"를 고민하고 있다.

20대들은 지금 현재 내가 무엇을 하고 있는지는 생각하지 않고 고민을 논하지 않는다. 그들은 결국 꿈이 없고 목표만 있는 셈이다. 목표도 어떤 확실한 지점이 아니라 목표의 타이틀만 갖고 있다. 그것이 바로 남에게 비치는 나만 생각하는 것이다.

또 미래에 대한 꿈, 목표, 직업관에 대해서 물어보았다. 꿈이라니? 그들은 꿈을 어릴 때만 꾸는 것으로 생각했다. 목표라면? 스무 살 이전까지의 목표는 대학 가는 것이었다. 드디어 대학에 입학하고 스무 살이 되었다. 이제 목표는 직업을 갖는 것이다. 그럼 어떤 직업을 갖겠다는 목표를 정할 때 무슨 일을 하려는 것인지 디테일하게 아느냐고 물었다. 모른다고 했다. 그렇다면 어떤 직업을 갖겠다고 결정할 때 무엇으로 결정하는가에 대한 대답은 '안정성'이었다.

어떤 직업의 안정성을 알 수 있는 기준은 월급의 수준, 회사의 복지수준, 그리고 남의 눈에 그럴듯하게 보이는 타이틀이라고 생각했다. 직업에 관한 결정은 그렇게 이뤄지고 있었다. 이 모든 이야기를 들어보면 20대의 젊은이들이 이미 사회가 만들어놓은 정형화된 틀에 맞춰져버렸다는 것을 알 수 있다. 20대는 그곳에 들어가 맹목적으로 질주하고 있을 뿐이다. 그러면서 10년 20년이 지난 후 본인의 선택을 후회하는 경우를 꽤 많이 본다.

그때가 되면 잘 알지도 못하고 들어가 맞춰져버린 그 퍼즐을 깨고 나만이 가질 수 있는 정확한 직업관은 아득한 옛이야기로 남게 되는 것이다. 그러니 처음부터 그 길을 향해 준비하고 노력하는 시기가 20대여야 한다. 아무 준비도 노력도 하지 않고 무작정 취업을 향한 시험공부만 하고 있을 때가 아니다.

물론 전문직종이나 연구원 같은, 한 길을 생각하면서 공부하는 것이 중요한 직업도 있다. 그러나 아무것도 하지 않고 시험공부만 하는 것은 훗날 그 직업을 가지고 그 직종의 일을 수행하는 데 큰 도움이 되지 않는다. 직업에 대해 시험공부를 하더라도 그것에 근접하는 기본 바탕이 되는 인턴십이나 아르바이트라도 해야 한다. 창업을 목표로 삼았다면 그것에 필요한 기본 바탕의 일이나 공부를 병행해주어야 한다.

지금 그저 무작정 시험공부만 하고 있다면 그냥 타이틀만을 향해서 가는 건 아닌지 생각해봐야 한다. 목표를 향해 공부하며 달려가는 지금의 과정 자체가 기쁘고 재밌고 의미 있을 수도 있다. 그러나 만약 그 길이 아니라면 어떻게 할 것인가에 대해서도 여러 번 생각해야 한다. 목표를 정하고 실행 계획을 행할 때도 설정한 목표에 도달할 수 있는 B플랜도 함께 계획한다.

어떤 20대 후반의 증권사 애널리스트로 일하는 사람이 있다. 그가 어렵게 이루어낸 커리어가 자신과 맞지 않다는 것을 뒤늦게 알았다. 이 직업이 이런 것인 줄 몰랐다고, 이런 식으로 이렇게 살게 될 줄 정말 몰랐다고. 그래서 갑자기 직장을 그만두고 전직을 원한다고 했다. 스물아홉 살이다. 곧 서른이다. 공부 잘하고 성적 좋고 이런저런 자격증 따고, 또 공부해서 이 일을 하게 되었다. 그런데 결국 적성에 맞지 않는다는 것이다.

그는 이제 다시 다른 직업을 찾아야 한다. 20대 때 아무리 좋은 스펙을 가졌어도, 남들이 지금 직업을 부러워해도 다시 처음으로 돌아가 시작해야 한다. 10년이란 세월 동안 자신이 어떤 직업에 대해 열정을 가지고 행복하게 커리어를 쌓아가야 할지를 깊이 생각하지 못해서 생긴 뒤늦은 후회다. 남아 있는 인생을 위해 지금이라도 직업을 바꾸는 것이 옳지만 처음부터 직업에 대한 현실적인 고민을 했더라면 하는 아쉬움이 남는다.

20대에 꿈과 목표를 정하지 못하고 나중에 진로를 바꾸는 사람들이 많다. 어떤 사람은 대학에서 수학을 전공했는데 다시 시험을 봐서 성악과로 재입학하고 지금은 성악가가 되어 오페라 가수를 하는 사람도 있다. 미대를 다니다가 음대로 편입한 사람도 있고 음대를 졸업하고 법학 공부를 하는 사람도 있다. 나이가 많은데도 용감하게 다시 꿈과 목표를 찾아가는 사람이 있다. 그런 사람들은 어렵게라도 마음에 맞는 직업으로 되돌아갈 생각이라도 해서 다행이다. 하지만 대부분은 돌이킬 수도 돌아갈 생각도 없이 이미 이 직업을 가지려고 투자한 시간이 아깝고 이루어 놓은 커리어가 있어서 접는 사람들이 태반이다. 남의 것도 아니고 자기 인생인데도 바꿀 수가 없다면 과연 무엇으로 보상받을까?

많은 월급, 회사의 좋은 복지수준으로 만족할 수 있을까. 일부러 괜찮다고 착각하는 것이다. 그렇게 일하면서 결국은 아주 우울한 상태가 되어버리기도 한다. 그러기 전에 처음 직업을 선택할 때 좀 더 깊이 있게 고민해봐야 한다. 20대를 시작하면서 그것을 해야 한다.

"20대에 스펙 쌓는 것에 집중하지 마라, 스펙은 아무 소용없다."

20대를 위해 나온 많은 책에서 공통으로 하는 말이다. 하지만 스펙이 중요하지 않다고 대안 없이 말하는 것은 전혀 현실적이지 않다. 지금 상황에서 세상에서 원하고 요구하는 스펙을 쌓는 것마저 하지 않는다면 앞으로 아무것도 할 수 없고 아무것도 안 될 거라고 불안해하는 20대에게 그렇게 말하는 것은 실로 무책임하다. 지금 20대는 그럼 어쩌란 말인가.

나는 스펙이란 말을 다르게 생각해봐야 한다고 본다. 스펙이란 현재 내가 원하지도 않는 것에 시간을 투자하면서 사회의 정형화된 틀에 나를 맞추어가는 것이다. 그렇다 해도 지금 뭔가를 하긴 해야 한다. 세상에서 말하는 스펙리스트는 이미 만들어져 있다. 영어(외국어)실력, 자격증, 외모 등등으로 커리어를 만들기 위해 요구하는 스펙이 획일화되어 있다.

잘할 수 있는 능력이 어떻게 모두 같을 수 있는가? 말이 되지 않는다. 직업별로 내가 충족시켜야 할 스펙은 모두 다르다. 직업이 다른데 왜 같은 스펙을 요구하는가. 무엇 때문에 같은 스펙을 너나없이 갖춰야 하는가?

정형화된, 요구된 스펙들 말고 지금 나만의 스펙리스트를 만들어야 한다. 내가 원하는, 내가 할 수 있는, 나에게 필요한 스펙의 리스트업이 필요하다. 나만의 스펙리스트를 만들었다면 그것을 쌓기 위한 시간 안배 계획을 짜야 한다.

내가 시간을 투자해서 내가 노력한 것에 대한 객관화된 수치를 내가 만들어야 한다. 스펙이란 결국 남이 만들어놓은, 남에게 비치는 나에 대한 것들이다. 그것을 이제는 내가 필요해서 해야 한다는 당위성을 부여하면서 내 스펙을 정해 만들어가는 것이다. 다시 생각해보자. 지금 세상에서 원하는 스펙리스트 중에서 20대의 대부분이 정말 원해서 하는 것들이 얼마나 될까? 대부분 원하지 않는 공허한 스펙 쌓기에 공을 들이고 있다. 사실 현재 20대는 마치 대학 공부나 입시준비 하듯이 보이지 않는 눈에 떠밀려 할 수 없이 영문도 모르고 스펙을 만들고 있는 것이다.

괴롭지만 해야 하는 것, 이걸 하지 않으면 내 인생은 꽃도 피기 전에 시들 것 같은 불안 때문에 모두 매달리는 것이다. 그럴 필요는 없다. 직업을 설정하고 그에 필요한 것들을 체크해서 선택하면 된다. 내가 원하는 것, 내가 필요한 것, 나의 시간, 나의 목표, 나의 스펙을 온전히 내가 정해라.

인생은 미지의 세계로 나가는 것

　인생의 모든 구간이 그렇지만 더욱이나 20대는 업 앤 다운이 심한 시기이다. 마치 안갯속을 운전해 나아가는 것과 똑같다. 안개 많은 길을 운전해 갈 때 속도를 내야 하는 곳이 어딘지, 잠깐 천천히 가면서 미등을 켜야 할 때는 어딘지, 속도를 늦출 때는 언제인지를 알아채는 감지능력이 있는 사람이 운전을 잘하는 사람이고 인생을 잘사는 사람이고 20대를 잘 보내는 사람이다.

　반대로 속도를 내야 할 때 내지 않고 줄여야 할 때 줄이지 않으면 사고가 일어난다. 길에서라면 교통사고이고 삶에서라면 개인사와 관련된 사고가 일어난다. 안갯속에서 안전하게 운전하며 인생의 길을 잘 가려면 구간마다 어떻게 통과할 것인지 예리한 판단력을 갖는 것이 중요하다.

사람들은 모두 사춘기를 겪는다. 변화의 시기다. 대부분 사춘기에 방황하고 힘들어하면서 사는 데 즐거움만 있지 않다는 것을 알게 된다. 그렇게 사춘기를 보내고 20대가 된 사람들은 세상을 살아가는 일이 만만치 않다는 것을 알게 된다. 그리고 이제 앞으로 어떻게 살아갈 것인가에 대한 나의 행동의 올바른 방향과 방법을 찾아야 한다. 그 행동이란 실체적으로 내가 무엇을 할 수 없는지, 가능한지 불가능한지 끊임없이 리스트업을 해나가면서 해야 한다.

안갯속에서 걸어야 하는 어려움의 시기를 온 힘을 기울여 통과해 나오면 자신감이 생긴다. 나 자신이 총체적으로 업그레이드된다. 그 힘든 과정을 건너오면서 환한 곳으로 나오면 집중했던 시간과 구간에 대해 알게 되고 자신감을 가질 수 있다.

부모님은 대학을 잘 가라, 그러면 안정된 삶을 살 확률이 높아진다, 공부를 열심히 해라, 대학이 평생을 좌우한다고도 말한다. 부모들은 한번 고생하면 평생이 편안하다는 생각을 버리지 않고 있다. 그러나 그 생각이 잘못된 것이라는 것은 현재의 현실이 극명하게 보여준다. 이제 의사, 변호사, 회계사, 교수 등의 전문직종의 타이틀로만 평생 편안하게 사는 것은 불가능해졌다. 의사도 병원 운영이 잘 안 될 수도 있고 한의원의 한의사도 그렇다. 변호사도 교수도 똑같다. 지금은 부모가 살던 세상과 완전히 다르다. 한

번 시작한 안락한 삶이 보장되지 않는 시대에 접어들었다.

그러면 20대는 어떤가. 정말 불안하기만 한가. 꼭 그렇지만은 않다. 패러다임의 전환이 절실히 요구된다. 내가 지금 노력하는 것은 지금을 위해서가 아니라 지금부터 앞으로 5년이나 10년을 바라보면서 노력하는 것이다. 중고등학교 때 열심히 공부하는 것은 단순하게 대학을 들어가는 용도로만 쓰이는 것이다. 그때 공부한 것이 대학을 들어간 후에 직장을 구하고 잘사는 삶을 위해 꼭 연결되지는 않는다. 그때 열심히 공부한 시기가 보장하는 기간은 길어야 4~5년이다.

대학을 들어간 후 4년 동안 다시 열심히 공부하고 준비해야 직장, 직업을 선택하는 다음 단계를 결정짓는 중요한 요소에 영향을 끼치는 것이다. 그 노력은 직장을 들어가기 위해서만 빛을 발하고 직장에서 일로 성공하는 것은 다시 이전의 공부로만 되지는 않는다. 다시 그 후의 5년의 삶을 위해서는 직장에서 새롭게 준비하고 노력해야 한다.

열다섯 살에서 스무 살까지 노력한 것은 스무 살을 기점으로 영향을 끼치고 스무 살에서 스물다섯 살까지 노력한 것은 스물다섯을 기점으로 10년을 결정하는 것이다. 스물다섯에서 서른 살 동안 노력하는 것은 서른다섯 살까지를 보장해주는 것이다. 지금 내가 노력하는 5년은 앞으로 지금으로부터 10년 정도까지만 영향을 끼치는 것이다. 10년 후는 보장해주지 않는다. 지금 내가 만약 5년만 노력하고 아무것도 하지 않는다면 그 이후의 삶은 아무것도 보장받을 수 없다. 인생이 그렇게 끝나는가. 그렇지 않다. 그러니 단계마다 업그레이드된 해결방안이 나와야 한다. 그것을 찾아서 노력해야 다음 단계의 삶을 살 수 있다.

　과거에 노력했던 모든 것을 잊어버리고 다음 단계의 삶을 살아갈 새로운 고민을 해야 하고 노력해야 한다. 그렇지 않다면 어떤 것도 보장받을 수 없다. 그것이 우리 부모 세대와 우리 세대가 다른 점이다. 이전에 혹시 열심히 성심을 다해 인생에 대해 노력하지 않았다면 지금 주저하지 말고 다시 시작할 수 있다. 인생의 연령대별 구간에 미치는 영향력이 어느 한순간으로 어차피 절대로 끝나지 않을 것이기 때문에.

　그러니 지금 20대인 그대들은 두 낫 홀드 백Do not hold back! 절대 주저하지 마라. 지금 내가 하는 현재의 노력에 대해서, 지금 걸어가는 길에 대해서.

무슨 일이든 호기심을 가져라

　호기심을 가지고 주변 현상을 바라보고 관심을 둔다는 것은 발전의 원동력이 될 수 있다. 세상만사에 무관심하다는 것은 아무런 발전을 기대할 수 없다는 뜻이다. 때때로 좌충우돌하더라도 이것저것에 대해 기웃거려야 한다. 무슨 일이든 욕심을 내기 시작하고 관심 가는 일을 찾아라.

　관심 가는 일이 결정되면 일단 인터넷을 조회해서 사전 지식을 알아보고 인터넷 검색을 통해 적절한 책을 고르면서 시작점을 찾는다. 그리고 주변 사람들에게 나의 관심사를 알려서 무언가 성취해야 하는 책임감을 스스로 증가시킨다. 사람이 뭔가 시작할 때 주저하기 쉽다. 관심사가 생겨도 시도하지 않는 사람이 많다. 우선 실행의 첫 단계로는 책을 통해 습득하는 방법이 좋다.

예를 들어 식사 중 자주 접하는 와인 리스트를 보고 와인에 관심이 생겼다고 가정해보자. 발단은 레스토랑에서 와인을 주문할 때 지식이 없어 단지 접대하는 사람의 일방적인 추천과 가격에 맞추어 와인을 주문하는 그러한 상황을 탈피하고자 하는 욕구를 지녀야 한다.

그 발단을 계기로 인터넷을 뒤져 와인 공부를 시작해야 하고 책을 읽기 시작해야 하고 어떤 종류가 있는지, 어떤 풍미인지, 어떤 식으로 마시는지 등을 끊임없이 습득해야 한다. 와인 숍에 자주 가보기도 하고 판매자에게 이것저것 질문도 하면서 와인에 대한 정보를 늘려나가는 것이다.

함께 가는 동행인들에게 나의 지식을 나누기도 하면서 점점 더 지식욕이 강해지는 걸 느껴보기도 하고 조금은 알은체를 하는 것도 지식 습득과정에서 신선한 자극이 되기도 한다.

그리고 가까운 사람 중에 와인에 대해 잘 아는 사람이 있다면 질문해보기도 하고 정보를 공유해보는 것도 고무적이다. 큰 힘을 들이지 않고도 정확하고 상세한 정보를 얻을 방법은 다양하다. 질문해보고 알고 싶어 하는 욕구에 대한 작은 실천이 시작이다.

와인뿐만 아니다. 음악, 미술, 여행, 운동 등 다양한 분야들이 사실 우리 주변에는 산재되어 있다. 이렇게 시간을 들이면서 일정한 시간이 지나면 관심 분야에 대한 모든 지식이 쌓이게 된다. 그렇지만 대부분의 사람들은 일정 기간 시간을 투자하지 않는다는 게 문제다.

갑자기 피아노를 배우고 싶다는 열망이 솟아오른다고 치자. 피아노로 베토벤의 「월광」을 잘 치는 게 소원이라면 바로 기초부터 시작하는 것이다. 이 나이에? 언제? 무슨 돈으로? 하기 전에 바로 들어가는 것이다. 일단 하나만 시작하면 뭐든지 할 수 있다. 관심 있는 것에 어느 정도의 시간과 애정을 투자하느냐에 따라 결과가 달라진다. 삶의 내용이 달라진다.

나는 어릴 적부터 클래식 음악을 좋아해 음악회를 자주 가곤 했다. 하지만 클래식 음악만을 편협하게 좋아하지 않으려고 노력한다. 내가 관심 두지 않고 살아왔던 분야에 대해서도 눈을 돌리면서 넓은 시야를 가지려 하는 것도 호기심의 발로이다.

음악과는 대조적으로 나는 어렸을 때 그림 그리는 것을 좋아하지 않았다. 심지어 방학 숙제로 제출해야 하는 그림일기를 그리는 것조차 싫어해서 방학 전날 한꺼번에 하곤 했던 안 좋은 기억이 있다.

그런데 20대가 되고 외국 여행을 다니면서 갤러리를 많이 다니게 되었고 그림을 자주 접하게 되면서 어느 날부터 그림이 아주 좋아졌다. 그려보고 싶다는 욕구까지 생겼다. 그러나 아는 게 아무것도 없었다. 어떻게 그리는지 전혀 몰랐다. 10년 전 이야기다.

그저 그림을 보면서 "아, 모네구나, 피카소구나." 하는 걸 아는 정도였다.

어느 날 불현듯 그림을 그려서 내면의 나 자신을 표현해보고 싶었다. 그래서 10년 정도 틈틈이 유화를 그리고 있다. 이제 나는 얼마 지나지 않아 곧 전시회를 할 열망을 가지고 꿈을 꾸게 되었다.

내가 그림을 그린다고 하면 사람들은 전공했느냐고 질문을 한다. 전공자가 아니면서 그렇게 오랫동안 하는 건 너무 고달프고 험난한 길이라고 생각하는 건 사회통념일 뿐이다. 빨리 원하는 만큼 잘 되지 않을 수도 있다. 그럼 어떤가? 나에겐 여전히 계속 그림을 그리고 싶다는 열정이 남아 있는 걸.

20대 때는 내가 뭘 잘 못한다고 생각했을 때 잘하는 방법을 찾기가 어려울 것이다. 방법을 찾아도 많은 시간이 들 것이다. 목표를 정했다면 그곳으로 가는 방법을 찾고 끊임없는 노력을 해야 한다. 노력이라면 사실 말이 너무 무겁다. 관심이라고 하면 좋겠다. 끊임없이 관심을 두고 실행을 하는 그 과정에서 쾌감을 느낀다면 된다. 목표로 가는 과정의 쾌감은 중요하다. 내가 그림을 하나도 몰랐지만 지금 전시회를 열겠다는 꿈을 꾸는 것도 그 성취감과 쾌감은 작은 관심사에서 시작해서 실행하여 얻은 소중한 결과다.

컴퓨터 공학도였던 내가 수많은 직업을 거치면서 지금은 회사 대표로서 일도 하고 그림도 그리고 글도 쓰고 있다. 세상에서 내가 어떻게 자리매김되는지는 오직 나 자신의 비전과 노력에 달려 있다.

두려움 없이 먼저 프러포즈하라

시대를 앞서나가는 새로운 것은 어느 날 하늘에서 뚝 떨어지는 게 아니다. 기존의 우수한 성과를 찾아 벤치마킹하는 것도 새로운 것을 만들어내는 방법이다. 흔히들 벤치마킹을 말하면 모방을 떠올리는데 벤치마킹과 모방은 완전히 다른 개념이다. 모방은 남의 성과를 그냥 베끼는 것으로 발전이 있을 수 없다. 반면 벤치마킹은 성과의 요인까지 분석해 자기 혁신에 활용하는 것이다. 그래서 모방이 과거에 머문다면 벤치마킹은 미래를 지향한다.

모든 현상에서 벤치마킹을 할 수 있다. 내가 여행을 가서 발견한 훌륭한 현지 여행사의 안내서를 가져와서 나의 다음 여행에 일정과 루트를 도입해보거나 거기에 나온 내용을 예전에 강의하면서 강의에 인용했던 경험도 있다. 사람에 대해 학습을 해본 적이 있는가, 사람을 관찰한 적이 있는가. 한 사람의 장단점을 파악해보았는가? 그다음엔? 찾았다면 어떻게 하는가?

벤치마킹을 하는 것에는 사람일 수도 있고 사물일 수도 있다. 내가 사람을 벤치마킹해본 경우에는 그 사람이 다른 이들에게 어떤 영향력이 있는가, 그는 나에게 어떤 영향력을 끼치는가를 일단 분석해본다. 나와는 다른 성향의 사람이라면 그 사람이 사람들에게 끼치는 장점을 분석해보고 개인적인 성향과 직업적인 성향을 나누어 그 사람의 성향에 대한 리스트를 만들어본다. 리스트가 정리되면 내가 가지고 있지 않은 것 중에서 취해야 할 것들을 정리해서 벤치마킹한다.

예를 들어 극단적인 두 가지 성향의 사람들로 나누어 분석해보자. 그럼 온유하고 융화를 잘하는 성향이 있는 사람도 있고 카리스마 있는 리더십으로 끌고 가는 사람도 있다. 예전에는 두 가지 성격에는 극명한 대립점이 있어 융합할 수 없다고 보았지만 지금은 나와 다른 그런 사람들의 성향을 벤치마킹하기도 한다.

그런 성격의 어느 부분을 내게 가져와 내재화해보려고 노력한다. 그러다 보면 100퍼센트 그런 성향을 따를 수는 없지만 어느 순간 조금씩 나 자신도 바뀌고 있다는 것을 알게 되었다. 강하게 리드하던 나의 성향이 어느 날부터 자연스럽게 변화해가고 있었다. 벤치마킹을 해야겠다고 생각하면 자신의 성격이나 취향을 충분히 조정해서 변화시킬 수 있다.

사물이나 현상에서도 가능하다. 우리가 흔히 하는 매일의 현상에서도 벤치마킹을 할 수 있다. 현상을 파악할 수 있고 나에게 영향을 끼칠 수 있다. 커피 전문점에서 커피를 마실 때도 각기 다른 현상과 상황을 분석할 수 있다. 모든 커피 프랜차이즈 전문점의 시스템이 거의 같은데도 커피전문점마다 일하는 사람들에 따라 다른 분위기를 낸다. '시스템'의 문제가 아니라 '사람'에 따라 결과가 다르다는 결론을 도출해낼 수 있다.

그렇게 어떤 현상에서도 분석적으로 다르게 바라보는 방법으로 사고하고, 창의적으로 벤치마킹하는 방법을 받아들이다 보면 모방자가 아닌 처음 추진하고 시도하는 사람 이니시에이터가 될 수 있다.

최고의 자리에 오르는 사람은 태어나는 게 아니라 만들어지는 것이다. 세상과 제대로 한 번 붙어보려면 반 보 앞서서 준비를 철저하게 해야 한다. 벤치마킹하라. 혼자 힘으로는 안 된다. 무에서 유를 만드는 것은 가능하지 않다. 세상의 고수들을 미래의 멘토로 활용하라.

어차피 직업과 커리어는 자신이 수행하는 업무에 대한 최대한 만족도를 끌어내면서 하는 경제활동이 궁극적 목적이다. 20대를 시작하면서 자신의 직업에 대한 비전을 미리 결정해야 한다. 나는

20대를 보내면서 많은 직업을 섭렵하기로 하고 참으로 다양한 업종을 경험했다.

그렇게 했던 건 나의 비전이었고 나의 꿈을 이루는 과정이었다. 각자 자기만의 비전이 분명히 있어서 어떤 방향으로 나아갈지를 결정하게 될 것이다. 모든 경험을 녹여내면 무엇을 하든 두려움 없이 해나갈 수 있을 것으로 굳게 믿었다. 여러 일들을 하면서 그 모든 것들이 관계가 있다는 것을 어렴풋이 알고는 있었지만 지내고 보니 참으로 지금 하는 많은 일에 연결되고 합해져서 시너지를 내고 있다는 것을 발견하게 됐다.

20대 때는 남의 눈을 의식하지 말고 그냥 열심히 해봐야 한다. 너무 불안해하지도 말라. 전공을 선택하고 직업을 선택할 때도 너의 관심을 따라가라. 매진하다 보면 좋은 결과가 나올 수 있다. 참으로 어리석은 결정은 영화나 드라마에서 나오는 직업들을 선택하는 것이다. 전공이나 직업을 그런 식으로 그렇게 선택해 버리는 것은 성공상이 보여주는 환상이다. 남이 선택한 것들을 따라 함으로써 잠시 심리적 안정감을 맛보려는 우매한 선택일 뿐이다.

의사 집안에서 의사가 나오는 것은 부모의 강제가 있었을 수도 있다. 하지만 그것보다는 의사로서 성공한 가까운 사람의 멋있는 이미지를 바로 곁에서 지켜보았기 때문이다. 불안하지 않은 선택을 하는 것이다. 그 불안함을 종식하려면 매우 큰 의지가 필요하다. 20대 초반부터 중후반까지 내 미래와 내 직업에 대한 불안을 내 자신감으로 만들어가는 과정이 필요하다. 남을 따라 하기 전에 나를 믿는 학습을 해야 한다. 나만이 선택한 길은 성공상이 아직 만들어지지 않아 내내 불안하기만 하다.

나도 많은 직업군을 경험하면서 항시 미래에 대한 불안감을 가지고 있었다. 직업을 하나만 가져야 한다고 생각하지 않았기 때문에 두루 전문성을 갖추도록 노력했다. 항상 대여섯 가지의 일을 병행하면서 꼼꼼하게 스케줄링을 하는 법을 터득해 나갔다. 어떤 것은 결과가 좋기도 하고 안 좋기도 했지만 좋으면 어떤 점 때문에 성공적으로 되었는지, 잘 안 되면 문제점이 무엇이었는지 낱낱이 리스트를 만들어갔다. 그렇게 여러 가지 일을 하는 것이 힘들었다. 하지만 그 경험들이 지금의 나를 있게 한 밑거름이 되었고 너무나 많은 영향을 끼쳤다. 그때 당시는 몰랐던 일이다.

예를 들어 공부를 통해 나의 관심과 전공이 어떤지 알려면 호기심을 가지고 여러 가지의 학습을 해보면서 시간 안배를 잘하는 것이다. 내가 해야 할 것에 어떻게 시간을 투자할 것인가를 아는 것이 첫 번째고 어떤 노력을 기울여야 하는지를 선택하는 것이 그 다음이다. 조력자를 동원해서 여러 가지 보조 방법을 배울 수 있다. 강의를 들을 수 있고 책을 읽을 수 있다. 내가 시간을 투자할 수도 있다. 과목별 학습방법이 다를 수도 있으므로 이런 것들을 이용해야 한다.

 일에서도 그렇다. 같은 프로세스로 간다. 내가 주관적으로 주도적으로 이끌고 가야 한다. 20대에는 일을 여러 가지 열심히 다 해볼 수는 없을 것이다. 20대에서 실행할 것은 일 이외에 다른 것들과의 시간 안배를 잘하는 것을 우선시해야 한다. 그다음에는 멀티태스킹이 되도록 해야 한다. 주변을 잘 들여다보라. 하나를 열심히 하는 사람은 있다. 도서관에서 공부만 열심히 하거나 아르바이트로 하나의 일만 하거나. 그 이외의 것들과의 균형을 맞추는 것을 해보는 사람은 드물다. 어떻게 하든 균형 맞추는 것을 해봐야 한다.

 가짓수는 상관이 없다. 그 사람의 여력에 따라서 맞추면 된다. 어떤 사람은 두 개 세 개밖에 안 되는 사람도 있다. 대여섯 개를 다 할 수는 없을 것이다. 그렇지만 단 한 가지만 열심히 하다 보면 일반적인 업무능력에 반감이 있을 수 있다.

 전문 직종에 일하는 사람이나 연구원이라면 약간 다를 수 있기는 하다. 그런 직종은 그 일만 집중해서 결과치를 내야 한다. 하지만 대부분이 특정한 능력이나 기술을 처음부터 습득해놓지 않았다면 지금부터 찾아내야 한다. 다양한 업무의 경험과 폭에서 나올 수 있다. 모든 일에 대한 시간 안배를 잘해서 어떻게 시간 투자를 할 것인지를 알아봐야 한다.

나처럼 20대 때 모두 여러 가지 일을 하는 것은 특수한 사례이긴 하다. 사람들은 안정된 직장에서 월급을 받고 차근차근 능력을 인정받는 길을 걸어간다. 그것이 다르다고 말하는 것이 아니다. 내가 선택한 길이 달랐다는 것이다. 나는 20대에 그 길을 걸으면서 사람과 조력해서 일하는 것을 배웠고 창업했다. 어떻게 일하는 상태로 만들 것인지, 어떻게 조력해야 하는지를 배웠다. 또 사람들과 나누는 방법을 알게 되었다.

내 꿈은 자연스럽게 생기고 변화하고 이뤄져 왔다. 여러 가지에 관심을 두고 학습이 된 것들을 잘할 수 있는 방향으로 밀고 갔을 때 결과치는 무엇이 될까를 생각했더니 어떤 일이 떠올랐고 그 일을 이전의 경험들이 모이고 모여서 잘할 수 있겠다는 자신감이 생겼다. 그다음엔 부족한 부분을 찾아서 채우고 다시 찾아 채워보는 경험을 하는 것이다. 일반적으로 20대 때는 큰 목표가 생기면 부가적으로 서브 목표를 몇 개를 설정한 다음에 같이 노력해 보고 가져가야 한다는 것이다. 마치 B플랜을 짜는 것과 유사하다.

한번 시도해보고 안 되면 어쩔 수 없다고 포기하는 것들을 적극 해봤으면 좋겠다. 사람은 누구나 잘할 수 있을지 미리 걱정하고 모두 불안해한다. 20대에는 잘할 수 있는 일은 거의 없다. 뚜렷이 배운 적도 없고 학습되어 있지도 않다. 그래서 그때 할 수 있는 것은 무조건 시도하는 것이다. 안 되면 과감하게 다시 버리고 다시 다른 것을 해보는 것이다. 우물쭈물하지 말고 과감하게 시도해 보는 것, 그것 자체가 액션 플랜 중의 하나다. 해보지 않으면 과감성을 좀 더 발휘해야 할 때 못하게 된다.

나의 결단이나 과감성을 키워봐야 한다. 어떤 사람은 과감하게 행동한다. 직장을 과감하게 그만두고 창업하는 사람이 있다. 반면 절대로 평생 하지 못하는 사람이 있다. 섣불리 과감한 것도 문제이지만, 과감성이 없다면 영원히 가보지 않는 길이 된다. 가보지 않는 그 길은 거기에 존재하기만 하는 것이다. 시도해서 실패했다 해도 그 실패에 대한 솔루션을 찾는 일이 바로 다음 시도에 영향을 끼칠 것이다.

20대에는 무조건 부딪쳐서 깨지는 것이다. 부딪쳐서 깨지는 걸 주저주저하다 보면 아무것도 하지 못한다. 그것을 두려워하다 보니 요즘 대부분 안정된 직장생활만을 꿈꾸게 되고 결국 더 나은 미래의 모습이 될 가능성을 처음부터 차단하는 결과를 가져오고 있다.

위대한 일은
단순한 상태에서 이루어진다

아인슈타인은 평생 오직 한 브랜드의 시리얼을 고집했다. 연구 외의 모든 일에 대해서는 최대한 단순화한 것이다. 오직 연구에 전념하고자 주변을 정리한 것이다.

살다 보면 노력을 많이 기울여야 할 일과 단순화해야 할 일이 생길 것이다. 내 일이나 퍼스널 라이프에서 중요도에 따라서 포션을 정해놓았다면 그에 따라 우선순위를 정해놓고 가야 한다. 디테일을 모두 신경 써야 한다면? 모든 것을 다 영위할 수는 없다. 주변을 단순화시켜야 할 필요가 있다.

나는 쇼핑하는 것을 좋아하지 않아서 잘 가지 않는다. 어느 정도 만족을 주는 브랜드가 있으면 그것을 고수하는 편이다. 쇼핑 시간과 물건 선택 상황을 단순화시키고자 하는 나만의 자구책이다. 그 시간을 가져다가 내가 선택한 다른 곳에 쓴다. 다른 사람들은 자기만의 우선순위를 정해 단순하게 하는 부분이 있을 것이다. 시간이 없어서 생략해야 하는 것들, 단순화시키는 것들을 생각해보라.

우선 시간을 정확하게 효율적으로 사용해야 한다. 시간이든 능력이든 리소스는 정해져 있다. 초점을 맞춰야 할 때는 집중해야 한다. 하루 24시간 중에서도 그중 8시간을 써야 한다면 그 시간 중 좀 더 중요한 일에 써야 한다. 자, 계획에 없었는데 누가 갑자기 전화해서 식사를 같이하자고 한다. 생각해두거나 계획해둔 것은 아니지만 지나는 길이라니 그냥 만나기로 한다. 예상치 않은 한두 시간이 흘러간다.

사람들은 무심코 그런 시간을 써버린다. 그러나 만남을 생략해도, 잠시 미뤄둬도 되는 순간에도 20대 때는 그냥 아무 생각 없이 시간을 그냥 써버린다. 친구와 함께 아이쇼핑하기, 모여 수다 떨기 등등. 생각해보면 참으로 나의 의지와는 다른 많은 시간을 그냥 흘려보내고 있다.

일의 우선순위를 정한다면 중요도의 끄트머리에 있는 것들은 과감히 생략해도 된다. 중요하지 않다면 잠시 미뤄둬도 된다. 중요한 것들 그 이외의 것은 단순화해라.

조금 다르지만 유념해두어야 할 것이 하나 더 있다. 같은 시간대에 일어나는 일들을 포기하지 마라. 일반적으로 사람들은 같은 시간대에 일이 벌어지면 하나를 즉각적으로 포기한다. 이런 상황은 문제 해결능력과 관계 있다. 동시에 한꺼번에 일이 생길 때 처음부터 절대 의식적으로 하나를 포기하지 않겠다는 훈련을 해야 한다. 어떻게 해서든 두 개를 동시에 해결해야 한다고 마음을 먹으면 솔루션이 보인다.

선택적으로 우선 되는 것을 먼저 하되, 차선으로 이루어지는 일은 삭제가 아닌 시차 혹은 대체를 고민하여 시행해라. 선택하라는 말은 둘 중의 하나를 선택하고 하나를 버리라는 의미가 아니다. 시차적으로 연기해서 할 수도 있고 내용을 바꾸어 대체적으로 풀 수도 있다.

나는 내가 아니면 안 되는 일부터 한다. 대체가 가능한 사람이 있으면 차선으로 미루어도 된다. 계속 스케줄링을 모니터링하라. 약속이나 미팅은 지속해서 다짐을 받고 확인을 하라. 두 가지 일이 충돌되는 상황을 최소화하기 위한 나만의 비결이기도 하다.

다른 사람을 활용하라. 주변의 친구나 가족들의 도움을 받아라. 지역, 나이, 기호 등을 기억하고 도움이 필요할 때 적극 그들의 손을 빌려라. 사람의 손을 빌리는 연습을 시작하라.

항상 미래를 상상하며 현재를 살아라

　일의 우선순위를 정할 때 기준은 미래가치다. 돈도 중요하겠지만 그래도 미래가치를 배제한 일을 우선하면 안 된다. 미래가치를 따져서 그것을 바탕으로 우선순위를 정해야 한다.

　내가 20대 때부터 많은 일을 경험했다고 앞서 말했다. 하지만 직업군을 경험해보는 것에 대한 포맷은 지금도 변하지 않았다. 다만 개수와 종류만 변했을 뿐이다. 여전히 나는 지금도 여러 개 정도의 일을 동시에 하고 있다. 그 일들이 모두 온종일 매달려 해야 한다면 불가능한 일이지만 그렇지는 않다. 그 여러 가지 일들에 어떻게 적당하게 나를 포지셔닝을 할 것인가를 생각하는 것이 내가 생각하는 미래에 대한 준비였다. 나의 미래가치가 그런 곳에서 결정되었던 것이다.

여러분이 아르바이트하고 있다고 생각해보자. 직업으로 연결할 수 있는 것을 우선순위로 삼을 수도 있다. 아르바이트를 선택하더라도 미래와 연계될 수 있는 것이라면 그 부분에 중점을 두어라.

아르바이트의 개념을 설정해라. 전공이 정해져서 혹은 경력의 방향이 정해진 상태에서 아르바이트를 선택할 시에는 미래와 연계해서 고려해야 한다. 어떻게 진입해서 어떤 상태로 올라갈 것인가를 생각하라. 우선순위를 정하고 적절하게 포지셔닝을 하면서 미래가치를 창출하는 방법을 찾아야 한다. 물론 사람마다 상황이 모두 다를 것이다. 여러 일을 동시에 해야 할 때는 미래가치를 따져서 적절하게 밸런스를 맞춰야 한다.

20대는 미래가치를 따질 때 현실을 얼마만큼 수용하느냐를 혼란스러워한다. 생활력을 얼마만큼 확보하면서 미래가치를 따질 것인가를 결정하는 것이 굉장히 중요하다. 현재 최저 생활 정도만 보장하는, 최소한 생활의 독립성을 해치지 않는 정도의 일이지만 미래가치를 확보할 수 있는 일과 돈은 많이 벌 수 있는 일이지만 미래가치를 도모할 수 없는 일을 앞에 두고 있을 때는 어떻게 해야 할까? 당연히 전자의 일을 택해야 한다.

후자는 유혹적이다. 안정적인데다 목돈을 마련할 수도 있지만 미래가치는 그다지 없다. 하지만 돈은 벌 수 있다. 그럼 단기간만

하고 끝내는 게 좋다. 그리고 다시 미래가치가 있는 일로 리셋해야 한다.

내가 권하고 싶은 것은 그럴 때는 그 일을 B플랜으로 가져가는 것이다. 다른 일과 병행하는 것이다. 그러기 위해선 촌음을 아껴 써야 할 정도로 부지런해야 한다. 24시간 안에 병행할 수 있는 여러 가지 일은 그다지 많지 않다. 직장에 다닌다면 일주일 동안에 할 수 있는 일은 한정되어 있다. 주말을 이용하지 않으면 힘들다.

퍼스널 라이프를 계획적으로 잘 써야 한다. 그 시간을 쪼개면 분명히 다른 데 쓸 수 있는 시간이 남는다. 작게는 24시간, 일주일, 한 달, 크게는 365일을 조직적으로 관리할 수 있어야 한다. 나는 연초가 되면 1년의 다이어리를 12개월 12장을 뽑고 365일 365장을 뽑아서 한동안 들여다본다. 1년 계획을 세운다. 회사에서 보고서 작성을 하거나 1년을 계획할 때 하는 것처럼 나 개인의 계획을 잡아보는 것이다.

자신의 목표와 꿈을 소리 내어 사람들에게 알려주고 내 미래가치를 알려주어라. 말해준 다음 나중에 내가 성공했을 때 나만의 기쁨을 맛볼 수 있어야 한다. 치열하게 살았던 내 20대의 꿈에는 그 포션이 크고 분명했다. 그 꿈이 벌써 그동안 많은 변화가 있었고 그 꿈을 어떻게 이룰까에 대한 수많은 궤도 수정을 해왔다.

20대 시작점에서 불안을 극복하는 방법은 계속 목표를 잡고 장기 플랜을 세운다. 그 목표를 잘해낼 것이라는 믿음을 갖고 그 일에 매진하는 것이다.

내가 이루려고 했던 꿈은 사회에 좋은 영향을 끼치는 사람이 되어서 많은 사람과 공유하는 것이었다. 꿈을 부여하는 사람이 되어서 결국은 모두에게 공동의 미래가치가 확장되게 하겠다는 생각을 해왔다.

미래가치를 부여하는 일들이 여러 가지가 있을 것이다. 그 리스트업을 하고 우선순위를 정하고 실행 계획을 만들었다. 방향이 바뀌면 또다시 리스트업을 하고 미래가치를 부여하고 액션 플랜을 짜고 조력자를 구하고 주변에 알리는 일을 계속하는 것이다. 자신만의 목표를 세우고 장기 플랜을 짜고 실행 계획을 세우기 시작하면 현재 하는 일들의 미래가치가 지금은 미미할지라도 나중에 어떻게 커다랗게 확장된 가치를 창출할지는 모르는 일이다.

시간이 정해져 있다는 것을 기억하라

"나는 언제까지 시간이 됩니다. 언제까지 있을 수 있습니다. 오늘 회의는 몇 시까지입니다. 식사시간은 몇 시까지입니다."

정해진 시간을 미리 공지하는 습관을 들이도록 하자. "우리는 보통 언제까지 시간이 되세요?"라고 상대방에게 묻지만 먼저 말해보도록 하자. 가족과 식사할 때도 오늘 몇 시까지 시간이 되니까 9시 반이면 일어나자고 미리 알려주는 타임 키퍼를 세워야 한다.

모든 사람은 정하지 않고 시간을 쓴다. 시간이 제한되어 있다는 것을 신경 쓰지 않는다. 시간관리가 곧 기회비용인데도 불구하고 의식하지 못한 채 시간을 흘려보내는 경우가 많다. 시간을 쓰지 않겠다는 것이 아니라 자신이 인지하지 못하는 시간을 쓰지는 않겠다는 것이다. 타임 키퍼를 세운 시간이 근접하게 되면 시간을 더 써도 되는지 부족한지 검사해 나간다. 내 시간과 남의 시간을 늘 점검한다. 가까운 사람들에게도 이런 방식으로 소통한다. 스케줄링하고 체크하면서 정확하게 시간 쓰는 습관을 지녀야 한다.

20대에는 시간이 무한하다고 생각한다. 20대 초반에는 시간이 영원히 안 갈 것 같은 생각마저 든다. 내가 정말 30대가 될까, 40대가 될까, 싶은 생각이 들기도 한다. 그러나 누구나 그때가 된다. 시간을 지나보면 기억은 커다란 '메모리 덩어리flesh memory'로 나온다. 메모리 덩어리란 어느 일정한 장소, 일정한 시간, 일정한 행위를 했다고 할 때 매 시간 모든 대화 모든 행동이 세세하게 기억나는 게 아니라 딱 하나, '그곳에서 무엇을 했다'는 커다란 사실만 남는 것을 말한다.

시간이 지나면 메모리 덩어리로만 생각난다. 그 행위와 그 행위의 결과만이 기억난다. 난 열심히 다녔어, 무엇을 배웠어, 결과는 이랬어 등만 기억난다. 플래시 메모리는 구체적인 큰 그림으로만 남는다.

내가 지금 이 시간을 그냥 소비하고 있다면 내 메모리에서 남아 있는 것이 하나도 없을 것이다. 그렇다면 이 모든 시간 앞에서 한순간 한순간을 어떻게 써야 할지에 대한 답이 나온다. 판에 박힌 일상의 날들을 그냥 하루하루 보내버리면 내가 한 모든 행위는 지워진다. 메모리에 전혀 남지 않는다. 특정 행위를 반복한 것들은 아무것도 기억할 수 없다. 그러나 내가 선택해서 했던 일들, 내 메모리에 강력한 의미를 준 것들과 결과는 잊히지 않는다.

20대에는 이 한순간을 어떻게 쓸 것인가에 의미를 부여해야 한다. 지금 친구와 카페에 앉아서 이야기를 나누고 있다고 치자. 이 시간이 나중에 어떻게 기억이 날까. 어떤 영향을 줄 것인가, 어떤 메모리로 남을 것인가를 매 순간 생각해야 한다. 이것이 시간 관리에 대한 기본이다. 모든 시간은 기회비용으로 작용한다. 시간과 시간을 비교해보고 비교 우위에 있는 것들을 선택해야 한다.

일반적으로 사람들은 시간 압박 받는 것을 싫어한다. 시간에 대한 압박을 받으면 스트레스를 받는다. 이것도 훈련이 필요하다. 20대 때부터 시간 압박을 즐기는 방법과 해결하는 방법을 알게 되면, 그 스케줄링이 정착되면 시간에 쫓기지 않고 적응하기가 쉽다.

나는 20대부터 너무 바쁘게 살았다. 그때는 그것이 즐거움이었다. 내가 원했기 때문이다. 지금도 바쁘게 사는 것이 즐겁다. 다른 사람들은 시간 압박을 힘들어하고 스트레스를 받으면서 괴로워한다. 나는 그 사람들이 그 짧은 시간에 없는 시간을 쪼개서 바쁘게 가장 하고 싶은 일을 하는 데서 오는 즐거움을 모르기 때문이라고 생각한다. 빡빡하게 일하는 즐거움, 짬을 내서 쉬는 잠깐의 여유, 그 모든 시간에 대한 즐거움을 찾아야 하고 그 모든 즐거움을 압박이라고 생각하지 말고 즐길 수 있어야 한다.

그렇게 하려면 멀티태스킹을 훈련해야 한다. 20대 때 훈련해야 할 것은 첫 번째 문제 해결능력이고 두 번째가 멀티태스킹이다. 어떤 직종이든, 무엇을 하든 이 두 가지가 갖춰지면 뭐든지 다 잘할 수 있고 수행하는 모든 일을 성공적으로 잘 이끌어나갈 수 있다. 또 모든 업종의 사람들이 일을 잘하는지 못하는지 금방 파악하게 된다.

3장 삶을 운영하라

남이 나를 어떻게 보는가에 집중하고 내가 나를 어떻게 보고 있느냐보다 남이 나를 어떻게 볼까에 대해 고민한다. 설령 나중에 내가 어떻게 살게 될까를 고민하는 미래계획의 작은 부분마저도 자기만족이 아니라 남이 나를 어떻게 볼까에 관심이 집중되어 있다. '보이는 나'에 대해 생각의 많은 부분이 쏠려 있다 보면 나의 알맹이가 없어진다. 나의 알맹이를 채우는 방법, 나의 정수를 정립하는 법에 대해서 고민해야 한다.

첫 번째 실패에서 마음을 바꾸지 마라

 스무 살 청춘에 인생의 위기를 이야기하면 귀에 잘 들어오지 않을 것이다. 고등학교까지 학교라는 울타리 속에서 생활해 왔기 때문에 경험이 없는 탓이다. 그래서 위기가 와도 위기라고 잘 인식하지 못한다. 포기와 좌절이 훨씬 빠른 연약한 스무 살이다. 그렇게 몇 번 인생의 굴곡을 건너다 보면 내성도 생기고 맷집도 커진다. 지금 찾아오는 위기를 잘 극복하면 나중의 인생에서 불필요한 비용과 대가를 치르지 않아도 된다. 지금부터 위기에 대처하는 자세를 갖는 것이 아주 중요하다. 지금의 위기는 조금만 신경을 쓰고 집중하면 생각보다 쉽게 헤쳐나갈 수 있기 때문이다.
 마치 기초체력을 단련하면 지구력과 근력이 좋아져서 장시간의 집중력이 필요할 때 버티고 나갈 수 있게 되는 것과 마찬가지다. 위기관리능력도 평소에 연습해놓아야 한다. 사람마다 상황이 다르므로 자기가 처할 수 있는 위기를 미리미리 준비해놓는 것도 필요하다. 아마 대부분 첫 번째 위기는 원하는 대학과 학과에 입학하지 못하였을 때 맞닥뜨리게 된다. 이 위기를 헤쳐나갈 방법을 집중해서 생각하는 것이 필요하다. 예를 들어 재수할 수도 있고 편입을 준비할 수도 있고 유학이라는 대안도 고려할 수 있다. 당연히 이러한 위기관리에는 전체적인 나의 상황을 함께 고려해야 한다.

대학을 졸업하고 대기업의 취업을 준비했는데 실패했다면 어떻게 해야 할까? 위기가 오면 항상 당황하게 된다. 그것뿐만 아니다. 가정사에 대한 부분도 아주 흔하게 겪는 위기다. 10대 때는 어리다는 이유로 가정사에서 제외되었다. 그러나 갑자기 집안의 재정 위기가 닥쳤을 때 가족들로부터 "너도 이제 다 컸어, 네 앞가림은 네가 해야 해!"라는 말을 듣게 되면 당황할 수도 있다. 어려울 때 순식간에 성인으로 편입되면서 오는 심리적 충격은 클 수밖에 없다.

흔히 위기가 닥쳤을 때 헤쳐나가는 것은 강인한 의지력이 있는 사람만 가능하다고 생각한다. 그렇지 않다. 뭔가 어려움을 겪을 때 자기 나름대로 자구책을 간절히 바라본다면 누구나 내성을 키울 수 있다. 모두가 좌절하고 포기하는 것은 아니고 반대로 누구나 강인한 의지력을 가진 것도 아니다. 위기는 사람을 골라서 찾아오는 것이 아니므로 누구도 예외일 수 없다.

살다 보면 대학입시에 실패해 삼수, 사수 할 수도 있다. 직장에서 인정받지 못하고 순식간에 해고될 수도 있다. 그 순간은 힘들고 포기하고 싶은 마음뿐이다. 그래서 많은 사람이 첫 번째 실패에서 마음을 바꾼다. 이건 내가 할 수 있는 일이 아니라고 패잔병처럼 말한다. 실패는 이처럼 실패라고 말하는 순간 진짜 실패가 된다. 그러나 인생 전체를 놓고 보면 그 실패는 2보 전진을 위한 1보 후퇴일지도 모른다.

내적인 성숙에 투자하라

"나는 스스로 생각하기에 내적 소양이 부족하다, 인문학적인 바탕도 없다. 그래서 혼자 불안해진다. 자꾸 공부해야 한다고 되뇌게 된다."

끊임없이 책을 읽고 여행을 떠나고 공부를 하면서도 나의 무지에 대해 가끔 절망을 할 때가 있다. 그러나 정말로 그렇다기보다는 끊임없는 지적인 욕구가 항상 나를 채찍질하는 것이다. 그러한 생각들을 좀 더 일찍 20대부터 한다면 절망적인 그저 그런 중년의 삶으로부터는 조금씩 멀어질 수 있다. 그러나 대부분 20대는 그냥 자신감이 충만하다. 커리어와 퍼스널 라이프에 대한 생각의 깊이가 부족하다.

내적 소양이 부족하다고 스스로 반성하게 되면 그동안 공부할 때 외에는 한 번도 스스로 관심 가지 않았던 시나 철학이나 역사와 관련된 분야의 책을 읽게 되고 음악을 들으면서 자신에 대해 성찰하기 시작한다. 물론 책을 꼭 읽어야 하고 음악을 꼭 들어야 하는 것은 아니다. 하지만 어떤 분야에 있든 어느 날 갑자기 나의 내적 소양에 대해 맞닥뜨리는 순간이 온다. 불현듯 나이가 들어 내가 부족하다는 것을 깨닫게 되기 전에 차근차근 소양을 쌓아가자.

남에게 보이는 내 모습을 생각하기보다 오히려 내적 성숙에 힘써야 할 때가 20대다. 20대에 공허하게 외적인 모습만 추구하다 보면 10년 20년 후에는 풀어낼 나만의 것이 없어진다.

20대에는 내공을 키워야 하고 내공이 있어야 한다. 20대인 당신이 지금 시를 읽고 책을 읽고 시험과 관계없는 공부를 하게 되면 사람들이 비웃을지도 모른다. 너는 참 시간도 많다고 하면서 특별한 사람으로 취급할 것이다. 자신도 공연히 잘 못 살고 있다는 불안감을 가질 수도 있다. 그러나 잘못된 게 아니다. 우리는 한 방향으로 치우쳐 살고 있다. 경력과 퍼스널 라이프의 밸런싱이 중요하다. 그러려면 스케줄링을 잘해야 한다. 나는 지금도 경력과 퍼스널 라이프의 밸런싱을 하려고 여전히 노력하고 있다.

20대는 문학, 철학, 종교, 음악, 미술, 여행, 요리. 레저, 역사. 모든 부분에 관심을 두고 탐구해 나가야 한다. 정형화된 틀에서 벗어나는 것이다. 예전에 안철수 씨의 인터뷰를 본 적이 있다.

"나는 그 순간순간에 내가 가장 즐거운 일을 찾았다. 어디에 온 힘을 다할지, 열정을 바칠 것인지 항상 생각했다."

스스로 너무 무식하다고 알아야 할 것이 많다고 생각하는 사람은 지금도 변함없이 가장 즐거운 것, 열정을 바칠 것을 찾아서 하고 있다. 그는 몇 년 후에 이런 사람이 되기 위해서 지금 이것을 해야겠다고 말한다. 어떻게 될지 아직은 명확하지 않은 일이다. 하지만 지금 그 일에 시간과 공력을 써야 한다.

남과 다른 사람이 되어라

20대에 욕심이 없는 사람은 없을 것이다. 누구나 해보고 싶고 잘하고 싶은 게 있다. 그러나 욕심이 있다고 해도 정작 열심히 하는 경우는 많지 않다. 왜냐하면 절실한 동기부여가 되지 않기 때문이다. 동기부여는 스스로 만들어야 한다.

나는 열다섯 살부터 클래식을 좋아하기 시작했다. 어느 날 갑자기 라디오 방송에서 나오는 클래식이 너무나 좋았다. 어려서부터 클래식 음악을 접했다. 하지만 내 멋대로 좋아지면서 궁금해지고 더 공부하고 싶다고 느꼈다. 돌연 클래식이 내 가슴으로 들어온 거였다.

아, 이렇게 좋구나. 내가 모르는 뭔가가 있겠구나, 알아보고 싶다는 생각이 들었다. 그때 나에게 누군가 클래식 음악에 대해 공부하라고 했으면 안 했을 것이 틀림없다. 시험공부에 필요하다고 했어도 안 했을 것이다. 그러나 나 스스로 그냥 아주 좋아졌기 때문에 바로 공부할 욕심을 내고 알아보기 시작했다.

레코드 음반사, 그때는 음악사가 있었다. 그곳을 찾아갔다. 열다섯 살이라 시간이 많았다. 무한히 많은 시간 속에 클래식을 공부하러 가는 시간을 아깝다는 생각 없이 쓸 수 있었다. 누군가는 그런 시간을 소비하면 그 시간에 공부나 하지 했겠지만 열다섯 살엔 공부보다 그 일이 즐거웠다.

칸칸이 가득 꽂힌 LP 레코드판을 보고 마음에 드는 것을 사가지고 집으로 돌아와 듣는 순간 희열을 느꼈던 것 같다. 그런 과정을 거치면서 음악에 대한 사랑과 열정이 클래식에 대해 많은 것을 알고 싶게 만들었던 것이다.

무엇보다 그 순간만큼은 시간이 전혀 아깝지 않았다고 생각한다. 그런 음악에 대한 사랑이 어렸을 때 하다 말았던 바이올린을 다시 잡아들게 하였고 바쁜 유학 시절 일부러 시간을 내서 학교 오케스트라에 계속 참여하고 싶은 열정으로까지 연결되게 만들었다.

'누가 이런 곡을 연주하는 거지? 누가 이런 음악을 만들었고 그 배경이 뭐였을까? 작곡가들은 어떤 사람들이었을까? 아, 이런 것이 있구나!'

행복하게 배워갔다. 클래식에 대한 지식이 쌓이기 시작했다.

좋아하는 것에서 그치지 않고 음악의 깊이를 느끼게 되었다. 사람들은 자신들이 스스로 무엇인가를 잘해야 한다고 생각하면, 스스로 자기 안에 내재한 가치를 업그레이드시켜야 한다고 생각하면 누구나 그렇게 한다.

20대의 다수에게 여가에 무엇을 하느냐고 물었더니 놀라운 대답이 나왔다. 아르바이트도 하고 카페에 앉아 수다도 떨지만 대부분 영화를 본다고 했다. 가끔 클럽을 가고 게임도 하지만 모두 영화를 보고 있었다. 완전히 획일화되어 있다. 나만의 것이 하나도 없다.

내가 놀란 것은 영화를 본다는 사실이 아니다. 그게 나쁘다는 게 아니라 너무나 똑같은 스타일의 시간을 쓰고 있다는 점이다. 어떻게 대부분 극장에서 영화를 보는 걸까? 대중문화에 대한 노출 빈도수가 높아지면서 대화의 주제들도 모두 거기에 맞춰져 가기 때문일 것이다. 생각해보면 모두 엇비슷한 것들을 해야 공감대를 형성할 수 있을 테니까.

돌아보면 나는 그 시절 또래보다 항상 외로웠던 것 같다. 또래와 공감대 형성이 그다지 잘 안 되었던 것일 수도 있고 나만의 세계에 많이 몰입되어 있었던 것 같기도 하다……. 사람들이 비슷한 행동을 하는 이유는 공감대 형성이 안 되면 혼자 외로우니까 그럴 것이다. 외로워지는 게 두려운 것이다. 그러나 공감대 형성이 안 되는 바로 그 행동, 그 습관, 그 취미가 나의 특별함으로 발전하게 된다. 두려워하지 말고 조금 공감대가 형성되지 않더라도 나만의 시간과 취미를 찾아보는 게 좋다. 남들과 비슷하지 않은 행동이 나의 독특함이 된다.

독특한 사람이 되는 것을 두려워 마라. 독특한 사람으로 보이는 것을 자랑스러워해라. 모두 같이 비슷한 행동을 함으로써 공감대 형성을 하는 것도 중요하다. 하지만 내가 먼저 독특한 무언가를 시작해서 주변 사람을 이끌어 새로운 뭔가를 시작하게 하는 선두 역할을 할 수도 있다. 내가 먼저 다른 사람들에게 좋은 영향을 미치는 첫발을 뗄 수도 있다. 모든 것에 욕심을 내고 모든 것에 호기심을 가져라.

내가 아는 어떤 친구는 직업이 따로 있는데도 전문 산악인 수준의 등반을 한다. 어떤 친구는 여자 조기 축구회에 나가 아침마다 축구를 한다. 그러한 것들을 이상한 시각으로 보면 자꾸 편협해진다. 내가 다른 것을 하고 있어서 나를 보고 그 어떤 것을 시도해볼 수 있게 하는 그런 사람이 되어야 한다. 나도 그 산악인 친구를 따라 히말라야에 가보고 싶은 욕심이 자꾸 생긴다. 사실 혼자서는 높은 산에 올라가기 어렵잖은가. 그러나 주변에 그런 사람이 있으면 따라 해보면서 알게 되는 기쁨을 맛볼 것이다. 그런 동기를 유발하는 사람이 되어라. 모르는 것을 알게 되는 기쁨을 주는 사람, 그런 사람 말이다.

남에게 비치는 나의 기본 컨셉은 남에게 비칠 때 내가 가진 타이틀에서 우러름을 받는 게 아니라 나 때문에 그 사람이 좋은 영향을 받아야 하는 것에 있다.

나는 스킨 스쿠버를 좋아한다. 무척 좋아하니까 주변 사람들에게도 스킨 스쿠버를 권한다. 오래전 바닷속을 좋아한 나머지 강사 자격증까지 취득했다. 시간을 할애해서 시험을 보면서까지 말이다. 사람들에게 바닷속 아름답고 신비한 세상이 있다는 걸 알려주고 싶어서 가끔 같이 가기도 한다. 같이 다녀보면 그들도 나 때문에 전혀 모르던 세상을 알게 되어서 좋다고 말한다.

나는 너를, 너는 나를, 상대방을 성장시켜줄 수 있어야 한다. 서로에게 '굿 인플루언스'를 주어야 한다. 내가 먼저 시작하고 내가 잘 아는 것으로 상대방까지 모르던 것을 알게 하고 새로운 것을 경험하게 해 주는 것. 이런 사람이 남에게 비치는 나의 모습이다.

중고등학교 시절부터 연결되어온 또래에 대한 우선순위가 20대의 다른 삶으로의 진입을 가로막는 경우가 있다. 우선 또래와 주변의 공감대 형성이 가장 중요하다고 생각하기 때문이다. 스타트를 내가 먼저 끊어주면 모두가 그 세계에 호기심을 갖고 같이 뛰어들어 경험할 수 있다. 20대들에게는 그렇게 하고 싶은 것이 있을 것이다. 다만 누구도 그걸 훈련시켜주지 않아서 그 액션을 어떻게 해야 하는지를 모를 뿐이다.

그 시절 열다섯 살 때 내가 음반사를 돌아다니는 걸 부모님께서 아셨다면 그랬을지도 모른다. 너 왜 쓸데없는 짓을 하니? 왜 시간을 그렇게 함부로 쓰니? 너 음대 갈 것도 아니잖아? 분명 클래식 음악을 듣는 나의 음악적 성장을 지지해주지 않았을 수도 있다. 그러나 부모 세대를 탓할 것은 없다.

나 자신이 스스로 성장할 수 있게 해야 한다. 모든 것에 욕심을 내고 모든 것에 호기심을 가져라. 거기서 끝나지 말고 한번 시작했으면 죽어라고 열심히 다 해보아야 한다. 등산, 스키, 스킨 스쿠버, 고산 등반, 중국어. 한번 해봤다로 끝내지 말고.

카페에 가서 친구들과 수다 떠는 걸 열심히 할 필요가 없다. 마음을 낼 필요도 없다. 관심을 기울일 필요도 없다. 그러나 스킨 스쿠버나 등산이나 클래식을 공부하고 즐기는 데는 시간을 내야 한다. 심각하고 진지하게 시간을 안배할 생각을 하게 될 것이다. 잠깐 하다 말 것인가, 끝까지 해볼 것인가를 결정하라.

자신한테 핑계 대지 마라

　핑계를 댄다는 것은 '귀찮다'는 말에 연결된다. 무슨 일이든 진짜로 원한다면 해야 한다. 만약 여러 핑계를 대고 하지 않는다면 정말 좋아하는 것인지 체크해봐야 한다. 간절히 원한다면 현실에 굴복하지 마라.

　외국어를 공부하고 싶다면 현실적인 방법에 대해 생각해봐야 한다. 매일 하루에 한 문장씩 배우고 외우는 사이트를 활용하는 것도 좋다. 보통 우리가 뭔가를 원할 때 한꺼번에 너무 많은 것을 바란다. 처음엔 결과보다는 내가 하는 행위 자체에 초점을 맞춰야 한다. 그 행위 자체를 즐겨야 한다.

　내가 그림을 그리기 시작했을 때 잘 그리는 것에 즐거워했을까, 아니다. 음악을 듣기 시작했을 때 처음부터 클래식에 대한 해박한 지식을 얻는 것에서 즐거움을 느꼈을까. 아니다. 그림을 그리고 음악을 듣는 자체에 즐거움을 느꼈다. 지금 댄스를 배우는 사람도 처음부터 춤을 잘 추는 것에 즐거움을 느꼈을까, 아니다. 그것을 하고 있다는 사실 자체에 즐거움을 느꼈을 것이다. 댄스를 하는 바로 그 순간 자기만의 즐거움에 엄청나게 빠졌을 것이다.

20대에는 뭔가에 대한 즐거움을 나 혼자 갖는다는 것에 생소함을 느낄 수도 있다. 일단 즐거움을 느끼면서 일정 기간 노력해서 내 것으로 가져오면 된다. 뭔가를 하다가 잘 안 되는 어떤 순간에 보통 사람들은 백기를 든다. 한번 해봤으니 됐어? 완전히 잘하기는 어려운 일이야. 내가 거기까지 할 수 있겠어? 여기까지만 하면 됐다고 중얼거리며 위안을 하고 만다. 그러면 아무것도 이룰 수가 없다.

통념에 빠지지 마라

우리는 사회 통념에 지배당하고 있다. 어떻게 사회 통념에서 벗어나 주관적으로 살고자 하는 의지를 잘 펼칠 수 있을까가 중요하다. 남하고 다르게 살아야겠다고 고민해본 적이 있는가? 보통 남하고 같은 삶을 살아야겠다고 생각하지 다르게 살고 싶다는 생각을 하지는 않는다. 사회적으로 성공한 사람들의 삶을 따라가는 것이 사회 통념이다. 그리고 우리는 맹목적으로 부러워하고 추구한다.

다른 사람들과 달랐을 때 느끼는 두려움을 극복해야 한다. 대학을 예로 들자면 대학은 사회 통념상 당연히 가야 한다고 규정해 버린다. 왜 가야 하는지에 대한 이유를 명확히 본인에게 되물어봐야 한다. 그 이유가 명확하지 않다면 생각을 해볼 만한 일이다.

국외 유명한 영화제에서 수상 경력이 많은 한 영화감독은 열다섯 살에 청계천에서 공장생활을 하다가 파리에서 그림공부를 했고 다시 한국에 돌아와서 전도사를 했다. 공장생활을 통해 빈곤층의 울분을 경험했고 그림공부를 하면서 예술성을 익혀 나갔고 전도사를 통해 종교를 통한 인간 본연의 고통에 대해 깊이 통찰하고 내면의 성숙을 주도해 나갔을 것이다. 그러기까지 그 사람에게도 계속 시행착오가 있었을 것이다.

　어떤 사람이 완성되는 것은 하나의 단편적인 것으로 이루어지지 않는다. 조그마한 조각들이 모여 큰 덩어리로 만들어지고 계속되는 시행착오가 그 사람을 다져놓는 것이다. 대학의 전공 정도가 나의 모든 인생을 결정짓는 것은 아니라는 것이다. 자신이 살아온 인생이 모두 결집해 꽃을 피우게 된다. 대학을 갈 때, 결혼할 때, 직장을 구할 때 사회 통념 속에서 선택하고 결정하지 마라.

　결국 통념과 자기 주관과의 싸움 흔적이 바로 인생인지도 모른다. 정해진 틀 안에서 자신의 인생을 꾸려가는 것이 나쁘다고 말할 수는 없다. 그러나 그 인생의 완성된 가치는 확연히 달라진다. 물론 억지로 모든 경험을 해봐야 하다는 것은 아니다. 지금까지는 내가 결정 내린 것이 아닌 상황 속에서 살아왔다. 그런 상황 대부분이 사회 통념에 속할 것이다. 그러나 이제는 내가 주체적으로 결정 내린 상황 속에서 살아가게 된다. 때로는 통념에서 벗어나는 선택을 할 때도 생긴다. 그럴 때 좀 더 마음을 열고 과감해지기를 바란다. 그때 실패를 두려워할 필요는 없다. 실패한 인생은 있지만 실패한 선택은 없다.

너의 인생이니까 자기 주도적으로 살라는 것이다. 자기 스스로를 믿고 자신의 길을 꿋꿋이 걸어가는 모습을 보면 참 뿌듯하다. 직업을 정할 때 남들 다 좇는 미래의 유망 직종보다는 역발상을 통해 자신만의 길을 찾기를 바란다. 살아가다 보면 몇 번 인생을 '조율'해야 할 시기가 온다. 내가 잘살아왔는지, 지금 잘살고 있는지, 앞으로 어떻게 살아야 할지 심각하게 고민해야 하는 시간이 주기적으로 찾아온다. 지금이 그 첫 번째 선택의 관문일 뿐이다.

사회 통념에서 벗어나는 것은 현재보다는 미래를 보는 것에 가깝다. 몇 년 전만 해도 사회 통념에 어긋나던 일들이 지금은 오히려 앞선 일이 되는 경우도 허다하다. 중요한 것은 무엇이든 주저하거나 두려워하지 말고 과감하게 시도하는 것이다. 그것이 자신이 원하는 일이라면 말이다. 통념이란 합리적이지 않을 수 있다. 그러나 통념을 깨는 것이 합리적인 경우도 많다. 20대라면 누구나 기성세대가 아니라고 생각한다. 한순간 자신도 모르게 기성세대로 반올림되는 것을 억울해하면 안 된다. 통념을 비판 없이 받아들이면서부터 자신이 변하게 될지도 모른다. 20대에 꾸었던 꿈을 30대, 40대까지 이어가고자 한다면 사회 통념에 지배를 받아서는 안 된다. 도덕적, 윤리적으로 벗어나는 것이 아니라면 주저하지 말고 통념에서 벗어나라!

말랑말랑하게 생각하라

세상 모든 일에 역기능만 있는 것은 없다. 모든 일에는 순기능과 역기능이 공존한다. 인터넷 게임이 있다. 물론 게임이 어린아이들에게 습관이 될까 봐 부모들이 걱정할 수는 있다. 한쪽 면만을 봐서 나쁘게 말할 수도 있다. 그러나 어린아이도 아닌 20대에게는 다르다.

20대에는 모든 것이 오픈된 때이고 이미 성인이다. 20대 때는 어떤 현상에 대해 사물에 대해 너무 자유분방하지도 말고 보수적일 필요도 없다. 경직된 사고를 갖는 것만은 피해야 할 때다. 보수적이고 경직된 생각을 하면 하나의 현상이나 사물에 대해서 완전한 차단과 단정을 감행한다.

자, 인터넷 게임은 나쁘다고 생각한다. 논리적으로 설명하기는 어렵다. 물론 인터넷 게임을 오래 많이 하는 것은 정말 나쁘다. 하지만 정말로 100퍼센트 나쁘기만 한 것은 아니다. 인터넷 게임은 나쁘다, 사람에게 악영향을 미친다는 두 개의 문장만으로 사고는 경직되어버린다. 이 논리로만 가면 게임 개발자, 게임 관련자들은 모두 나쁜 사람이 된다.

또 TV를 보는 일은 바보 같은 일이라고 단정하는 것도 편협하고 경직된 사고다. 그 사고로 보면 텔레비전 프로그램 제작자, 출연자, 시청자 중 대부분이 모두 바보로 전락하고 만다. 20대는 모든 것에 오픈마인드를 하고 취하고 체크하면 된다.

텔레비전만을 계속해서 아무 생각 없이 오랫동안 보는 것은 나쁘다. 하지만 적절히 자신을 통제할 수 있다면 무조건 나쁜 것이 아니라고 유연하게 생각할 줄 알아야 한다. 어떤 사람이 스키에 관한 이야기가 나왔을 때 "굳이 왜 스키를 타죠? 그 추운 곳에서 그 위험한 것을? 할 수 있는 다른 것들이 얼마나 많은데."라고 말할 수 있다.

20대 때는 자기가 할 수 없는 것에 대해 닫아놓는 편협한 사고를 하면 안 된다. 내가 뭔가 하고 싶은 게 생길 때는 접근 방법을 찾아보면 된다. 어떤 일에도 닫아놓지는 마라. 20대 때는 모든 것에 욕심을 내보고 편협하고 경직된 사고를 버리고 무엇이라도 실행해보아야 한다. 내가 원하는 것이 무엇인지 정확하게 알지 못한다. 원하는 것도 텔레비전을 통해서 본 직업, 일, 사람, 이미지들로 정형화되어 있다. 다양한 삶에 관해 관심의 폭을 넓혀야 한다.

불편함과 친해져라

불편함은 일종의 적응력 같은 것이다. 마치 관성의 법칙처럼.

20대에는 반드시 불편함을 편안함으로 극복하는 경험을 꼭 해봐야 한다. 어떤 사람은 여행할 때도 집처럼 편안한 상태가 아니면 잠을 못 자는 사람이 있다. 보통 어린아이들이 자신의 경험했던 것을 유지하려 한다. 20대는 여전히 어린아이와 같은 마음으로 두려워한다. 내 힘으로 지금 이 상태보다 나은 쪽으로 바꾸려고 노력하기보다는 누군가가 나의 이 현재 상태의 편안함을 유지해주기를 기대한다.

그 불편함과 친숙해지고 열심히 노력해서 극복하려 해야 한다. 누군가가 그걸 대신해주길 기대해선 안 된다. 불편함에서 친숙해지거나 일정 기간 신경을 써서 극복해내지 못하면 결혼이나 사회

생활에도 많은 지장을 가져오는 결과를 낳는다.

　일례로 결혼에만 국한해 봐도 알 수 있다. 더 편하고 자유로워지고 싶어서 빨리 결혼하고 싶은가? 그래서 그 헛된 기대와 희망에 부풀어서 백마 탄 왕자님을 은근히 찾고 있는가? 그렇다면 두 발을 땅에 딛고 살지 않는 것보다 더욱더 현실감이 없다.

　또는 결혼은 완전한 구속이니 결혼하지 않고 혼자서 자유를 누리겠다고 생각한다. 안정감 대신 찾아올 구속이 더 두렵다. 그래서 결혼을 하지 않는다. 이 두 가지의 극명한 결혼에 대한 이분법적 생각이 모두 조금도 불편한 삶을 극복해보고 싶지 않은 극단적 이기주의에서 오는 것이다.

　결혼에 대한 건강한 사고는 결혼이 안정감을 줄 수도 있고 불편함을 줄 수 있다는 것을 인지하는 것이다. 결혼으로 오는 안정감이나 스테이터스의 변화는 있을 수도 있고 없을 수도 있다. 그 변화, 안정감의 유무, 불편함의 정도를 극복할 수 있는 내성을 키워야 한다. 아무도 예측할 수 없는 미래의 일을 놓고는 학습을 하고 준비를 하면 된다. 20대에는 나의 편안한 상태에서 힘든 상황에 부딪혔을 때 극복하는 학습을 하거나 지금보다 더 좋은 상태가 되었을 때도 오만하거나 교만하지 않고 좀 더 나은 미래를 꿈꾸는 훈련 시간을 가져야 한다. 그렇게 내 커리어를 쌓고 마음의 준비가 되었을 때 결혼을 해야 한다. 이런 불편함은 커리어에서도 나

타난다.

직장에 다니면서 한 가지 일만 하면 매너리즘에 빠지게 된다. 어느 날 직장에서 조직개편이 있거나 변화와 혁신이 요구될 때가 있다. 그때 새로운 것에 적응하려면 그 불편함이 뜻밖에 힘들어서 예전으로 돌아가고자 하는 마음이 강하다. 변화된 상황에 적응하지 못한다. 또는 작심삼일 같은 말처럼 뭔가 새로운 나로 바꾸려 해도 그 불편함이 쉽지 않으니까 자꾸 예전으로 돌아가고 싶어 한다. 익숙했던 나로 돌아가고 싶은 것이다.

직장생활을 하면서 몇 년 정도가 지나면 나의 역할과 일이 사실 굳건히 자리 잡힌 상태가 된다. 명확한 업무를 무난하게 수행하다가 돌연 본인이 그냥 바꾸지는 않는다. 그럴 필요가 있는 것도 아니다. 그러나 일부러 무언가를 내가 스스로 바꾸고자 할 때는 당연히 불편함이 따른다. 변화와 혁신을 꿈꾸면서 생기는 그 불편함을 스스로 감수할 때는 드디어 밖에서 오는 모든 변화에 친숙해지는 것이다. 이미 나는 바뀌어 있으니까 두려워할 것이 없다.

그러나 어느 날 갑자기 진공 상태에 있다가 변화와 혁신이 요구되어 올 때는 밖에서 찾아온 그 불편함을 견딜 수 없을 것이다. 평소에 나에 대해서 항상 변화하려는 태도를 보이도록 훈련해야 한다.

20대에는 물리적 불편함과 심리적 불편함이 공존한다. 모든 것이 정해지지 않은 불안정한 시기이니까. 지금 내가 가진 것에서 더 나빠질 수도 있으니까 불안하기 그지없다. 불안이 불편으로 느껴지는 것이다. 내가 지금 어느 정도 편안하다면 사실 불편한 것들을 찾아야 한다. 내가 지금 찾아가지 않으면 누구도 나를 불편하게 할 것은 없다. 그러나 그 불안한 상황을 유지하면서 불편한 상황이 찾아올까 봐 두려워만 한다.

20대의 초반인 지금 어느 정도 불편하지 않으면 일부러라도 불편한 길을 찾아서 경험해보기도 해야 한다. 불편함과 친해져봐야 한다. 내성을 키워가야 한다. 익숙지 않은 상황에 나를 내던져 보라. 그 작은 것들부터 시작해보라. 많이 경험해보라는 것이다.

가끔 귀찮다는 말도 정말 많이 한다. 귀찮다는 말은 굉장히 허무한 말이다. 특히 20대에 '귀찮다'는 말을 한다는 건 열정을 상실해가고 있을지도 모른다는 의미가 된다. 왜 귀찮을까. 그저 불편함이 싫을 뿐이다.

그 귀찮음과 불편함에 익숙해지는 경험을 20대에 해보면 40~50대에도 불편함과 친해지는 일을 쉽게 할 수 있다. 계속 깨어 있어야 한다. 지금 경험을 해놓으면 나중에 나이가 들어서도 두렵지 않을 수 있다. 사소한 불편함에도 내성이 생기지 않은 탓이다. 나의 삶으로 확실하게 내재하지 않으면 사소한 불편함도 견디는 것을 포기한다.

세상의 다른 면을 보려고 하는 것은 유용하다. 불편하다는 것도 그 상황에서 다른 사고를 해보는 것이다. 현상만 보지 않고 이면을 보는 것이다. 20대 때는 모든 것을 해보기가 어렵겠지만 끊임없이 시도는 해봐야 한다.

한계짓지 마라

나는 그림을 잘 못 그렸다. 그러니 당연히 좋아하지 않았다. 어렸을 때 그림 숙제도 동생이 대신해주었다. 그래서 그림은 나와 상관없는 일로 여기고 그림을 그려보겠다는 생각도 하지 않았다. 남이 나에게 뭐라고 하지 않았는데도 통념상 그림을 잘 못 그린다고 생각하고 싫어한다고 단정했다. 그러던 것이 나중에 그림을 그리고 좋아하고 전시회까지 생각하기에 이르렀다. 생각이 전환된 것이다. 자기 자신을 단정하지 마라. 포기하지 마라.

그 이야기를 해보자. 언제부터인가 그림 보는 것을 좋아하기 시작했다. 잘 그린 그림을 따라 그리고 싶다는 욕구가 생겼다. 그림에도 기술이 필요하다는 것을 알게 되었다. 무작정 그림을 그릴 때 창의적인 것만 필요한 게 아니었다. 시간을 투자하고 연습을 하는 과정이 필요한 것이다. 처음에는 원뿔 명암을 배운다. 붓으로 터치를 연습하고 형태에 색을 입히는 연습을 한다. 객체와 배경을 함께 색칠한다. 많은 시간과 인내가 필요하다. 일정 기간 참아내는 연습이 필요하다. 그렇게 그림을 좋아하고 연습하다 보니 어느새 나는 그림을 그리고 있었다.

자기 자신을 단정지어서는 안 된다. 누구든지 무엇이든 할 수 있다.

다른 사람이 되어라

사고의 역발상이란 말이 있다. 역발상이란 발상을 획기적으로 바꾼다는 뜻이다. 역발상은 발상의 원리를 이용한 개념이다. 발상은 생각이 피어오른다는 뜻이다. 생각은 씨가 있고 자라나는 방향이 있다. 생각의 씨앗을 북돋아 피어나게 하는 것이 발상이다. 생각의 씨앗은 북돋아주지 않으면 그냥 씨앗일 뿐이다. 생각의 씨앗을 어떻게 선택할 것이며 어떻게 북돋느냐가 발상의 노하우다. 발상은 상식이라는 씨앗, 현실적 관성, 전통이라는 북돋움으로 자라난다.

역발상은 발상이 이미 효용가치를 다했거나 바뀐 상황에서 기능을 제대로 해내지 못할 때 필요하다. 이미 발상된 것들을 다시 새롭게 발상하는 것이다. 중요한 것은 발상의 씨앗을 바꾸는 것이 아니라 북돋는 방식을 바꾸는 것이다. 역발상은 기존 발상의 방향을 반성하는 힘이 중요하다. 그래야 역발상이 가능하다.

"속도를 제한하지 말고 무제한으로 달릴 수 있는 도로를 만들자. 거기서 달릴 수 있는 차만이 살아남도록 하자."

아우토반을 만든 역발상이 독일 차를 세계 최고 수준으로 끌어올렸다. 현상에 대해 분석하는 습관과 이면에 있는 것들을 보려고 하는 생각들을 어떻게 하느냐에 따라 누군가는 5퍼센트의 '선도자'가 될 수도 있고 누군가는 95퍼센트의 '모방자'가 된다.

돈을 소비할 때도 내가 소비하는 주체인가, 생산의 주체인가를 체크하면 그것을 소비하는 것에 대한 합리성을 다시 생각해 보게 된다. 과연 내게 제공되는 저 재화와 용역의 가격이 합리적으로 결정된 것인가를 계속 체크해보면 선도자이다. 그러나 가격이나 질에 대한 생각을 해보기도 전에 물건을 사고 서비스를 선택하는 일련의 행위를 습관적으로 하며 모방자가 된다.

예를 들어 홈쇼핑에서 물건을 판매하고 있을 때 물건을 파는 사람을 다른 시각에서 바라보는 것이다. 과연 저 사람이 저 물건을 가져다가 얼마의 마진율을 붙여 판매하는 것인가, 가격은 과연 합당한가를 생각해야 한다. 20대에 항상 그렇게 생각하기는 어렵다. 대부분의 20대는 그런 상황에서 저 물건이 지금 유행하는지, 디자인은 어떤지, 가격이 맞는지, 패브릭이 어떤지, 친구들이 선호하는지 위주로 생각할 것이다.

모방자의 사고에서 선도자의 사고로 바뀌려면 현상의 이면을 봐야 한다. 대부분은 그 직업에 종사하기 전에는 그 이면을 보지 못하고 눈에 보이는 현상만을 본다. 경제활동을 할 때 눈에 보이는 전면부만 보는 것이다.

분석하는 습관을 갖고 모든 현상에 대해서 논리적인 토론과 표현을 해본다. 어떤 것도 가볍게 여기지 않는다. 그랬을 때라야 새로운 생산력 있는 것들을 만들어낼 수 있다. 대학 전공이나 직업을 결정할 때뿐 아니라 모든 선택의 순간에 한 번쯤 생각해볼 일이다. 부모님께서 권유하는 전공, 남들이 선호하는 직업 말고 내가 선도자가 되는 길을 찾아야 한다.

세상사가 다 그렇다. 먼저 선점하는 사람이 이긴다. 물론 너무 먼저 가다가 지쳐서도 안 된다. 세상보다 반 보 앞서가는 사람들이 5퍼센트의 선도자가 된다. 이런 기회를 잡으려면 남들처럼 해서는 안 된다. 잘살고 싶다면 남들과 다른 길을 가야 한다.

4장 삶을 풍성하게

20대에 미리 인간관계에 대한 맵핑을 해야 한다. 20대에는 사람을 많이 만나보고 싶고 알고 싶어하는 열정이 있다. 모든 사람을 만나겠다는 마음의 준비가 되어 있기 때문이다. 사람의 홍수 속에서 10년 후에도 20년 후에도 만날 이와 아닌 이를 구별해내야 한다. 또래집단에 너무 연연해하지 마라. 20대는 이미 성인이다. 나이가 들어감에 따라 이제 만나는 사람의 나이에 대한 격차가 점점 벌어질 것이다. 공통된 관심사가 있고 소통할 수 있으면 나이에 상관없이 커뮤니티를 형성하라.

누군가에게 소중한 사람이 되어라

10대에는 그냥 주어진 대로 맺는 인간관계가 대부분이다. 한 교실에서 많은 시간을 함께 보내고 입시를 준비하다 보니 공감대 형성이 쉽다. 굳이 인간관계랄 것도 없다.

20대 때는 좀 더 다양한 사람들과 만나게 된다. 이제는 자신이 선별적으로 선택해서 관계를 맺어야 한다. 제대로 학습되어 있지 않으면 30대, 40대에 산만하고 의미 없는 소모적인 인간관계가 되어버린다. 내가 누굴 만나 무얼 하고 살았는지 모르겠다고 말하게 된다.

사람에게 시간과 돈을 투자했는데 어떻게 살았는지 모르겠다니? 너무 허탈하다. 돌아보니 쓸데없다고 판단되는 관계가 많다고 느낀다면 기분이 어떻겠는가. 30~40대의 사람들에게 당신에게 20대의 인간관계가 뭐냐고 물었을 때 가장 많은 대답은 다시 그때로 돌아가면 절대 그렇게 하지 않겠다는 것이다. 그때 정리가 하나도 안 되었다는 것이다.

사람들은 가끔 말한다. 사람을 만날 때 분류하고 판단하고 나에게 이로운 쪽으로만 관계를 맺는 것은 너무 이기적이지 않으냐고. 그건 정서적인 공감이다. 그렇지만 현실에서의 인생은 어쩔 수 없더라도 그렇게 해야 한다. 내가 가지고 있는 한정된 시간과 노력을 무위로 돌려버리지 않으려면 말이다.

누구나 살다 보면 문제에 부딪치고 그것을 해결해야 하는 상황이 온다. 살다 보면 어떤 문제에 직면했을 때 "너 괜찮아?" 물어보면 "혼란스러워, 정리가 안 돼."라고 말한다. 그런 상황이 왔을 때 그전에 어떻게 하고 있었느냐에 따라 다르게 대처한다. 인간관계도 맵핑을 하고 프로세스대로 생각하고 관계를 맺어오면 어떤 문제가 직면했을 때 정리를 잘할 수 있다. 맵핑 없이 뒤죽박죽되어 있으면 문제의 시작점으로도 해결점으로도 찾아가기 어렵다. 저 아래에서 문제가 생겼는데 지금 어디에 와 있는지도 모를 수가 있다. 다만 정신없이 "어디서부터 잘못되었는지 생각 좀 해봐야겠어."라는 말을 한다.

인간관계는 시작도 중요하지만 중간 점검이 중요하다. 엉켜버린 실타래를 푸는 것은 어렵다. 꿈이나 경제 문제라면 나 혼자 풀 수 있다. 하지만 인간관계는 상대적이다. 혼자서만은 풀 수 없다. 한번 얽히면 풀기가 어렵다. 처음부터 맵핑을 잘하고 정리를 잘해서 넣어주면 나중에 잘못된 것을 찾아가 풀 수 있다.

내 역할에 대해서도 한정지어보는 것이다. 가족 구성원으로서 역할을 정해보는 것이다. 각자의 상황이 다르므로 정답은 없지만 어떤 문제 발생 시에 대비해서 참고하는 것이다. 또한 나는 이런 생각을 하는 사람, 나의 인생의 가치관이 이것이라고 정하면 모두에게 알려주고 거기서 벗어나면 안 되는 것이다. 다시 말하자면 허용할 수 있는 기대 수준을 미리 알려주는 것이다.

실제로 가족문제와 친구문제도 경제나 시간과 관계 있다. 시간을 써야 하고 경제적으로 도움을 줘야 하는 인간관계에서도 내가 어느 정도의 역할을 할 것인가를 미리 정해야 한다. 20대에 내 역할에 대해서 선을 긋고 정리를 해놓으면 오랜 시간이 지나서도 그 선을 넘지 않고 좋은 관계를 유지할 수 있다. 그 기대수준에는 사람들에게 비치는 나의 상을 정해놓는 것도 포함된다.

가족에게도 허용하는 것과 하지 않는 것에 대해 명확하게 알려주는 것이다. 나에게 어떻게 행동하라는, 자리매김하라고 맞춰주는 것이다. 인간관계는 확장될 수 있다. 보통 30~40대가 되면 사회적 지위와 역할이 변한다. 그에 따라 인간관계를 플러스하기도 마이너스를 시키기도 한다. 맵핑을 해주면 사람관리도 조직적으로 할 수 있다. 사실 한 사람이 영향을 미칠 인간관계는 그리 많지 않다. 한계가 있기 때문이다. 학창 시절처럼 베스트 프렌드라는 개념보다 커뮤니티에 대한 요구가 훨씬 높아진다.

특별한 직업 즉 세일즈 같은 일을 하지 않는 한, 내가 관리할 수 있는 사람의 영역과 숫자는 정해져 있다. 시간과 경제가 한정된 것과 같이 성인이 된 인간관계는 한정되어 있다. 사람과 관계를 맺는다는 것은 표현을 해주는 것이다. 표현은 한 사람에게 시간과 경제적인 부분을 쓰는 것이다. 그것이 성인의 인간관계다.

20대를 시작하면서 또래에 연연해했던 틀을 깨야 한다. 사회경험을 빨리하느냐에 따라 인간관계가 다르다. 다양한 연령그룹을 겪느냐 아니냐에 따라 달라지고 직장생활 또한 빨리 적응할 수 있다.

많은 연령그룹을 접할수록 성숙도도 달라진다. 우리나라는 특히 나이별로 시대별 특성이 있다. 특성을 익히는 데도 공감대 형성에 많은 도움이 된다.

나이에 따라 경험의 폭이 제한된다고 생각하는 틀을 깨야 한다. 우리나라만 나이에 제한된 커뮤니티가 많다. 동창, 선배, 후배 등. 그것을 넘나들 수 있어야 다양한 인간관계가 성립된다. 20대에 개방적 사고로 새로운 관계를 형성하는 데 집중하고 폭넓은 관계를 맺고 그 관계들에서 남길 사람들을 가져와야 한다.

또한 관계를 형성하면서도 클렌징을 계속해줘야 한다. 시간을 무모하게 쓸데없이 써버리지 마라. 사람들은 말한다. 그 모든 시간도 학습이지 않느냐고, 모든 것을 경험해봐야 하는 것 아니냐고. 과연 그럴까. 우리에게 시간은 한정되어 있다. 사람에게도 일만큼 선택과 집중을 해야 한다.

관계에서 클렌징이 되면 남은 사람에게 선택과 집중을 해야 한다. 당신은 선택과 집중을 받아본 적이 있는가? 누군가에게 선택을 받을 수 있는 소중한 사람이 되어라. 그리고 상대방에게도 그렇게 해주어야 한다. 마찬가지다. 나와 남의 관계를 그렇게 형성해야 한다.

20대 때의 인간관계는 쉽게 부실해질 수 있다. 자기에게 시간이 아주 많다고 여기기 때문이다. 결혼하게 되면 사회적 인간관계가 매우 제한적이 된다. 물리적인 시간을 확보하기 어렵다. 그 시간을 확보하려면 가정생활에 문제를 불러일으킬 수 있다. 20대는 이것을 잘 모른다. 빨리 선택하고 빨리 정리하고 빨리 집중해야 한다. 빠른 사이클로 관계를 돌려봐야 한다.

관계 다이어그램을 그려라

인간관계에 대한 정의를 내리고 내 주변 사람들의 통계수량 전체를 100퍼센트로 하여 관계의 부분 구성 분량을 생각해보면서 그려보는 것이 다이어그램이다.

10대: 직계가족 포함. 학교, 커뮤니티, 가족과 친구, 또래
20대: 좀 더 세분화. 가족과 친구와 직장동료, 친구(기존 교우, 새 교우). 새로운 관계를 형성하는 데 일정한 시간을 투자한다. 이 투자의 시간과 노력에 따라 달라진다. 물리적 시간이나 정신적 교감 정도를 100으로 했을 때 세분되어 시간과 노력을 투자한다.
30대: 결혼, 가족, 교우, 직장 / 포션이 유동적이다.

40대: 커뮤니티, 종교 단체의 인간관계가 한 포션을 차지한다. 친구 포션이 줄어든다. 또 일정한 부분을 새로운 관계 형성에 쓴다. 삶의 단계마다 새로운 관계 형성은 늘 같이 간다.

50대: 관계가 단순해진다. 어떻게 관계하느냐에 따라, 퀄리티 있게 하느냐에 따라 한 부분이 채워지거나 비어버린다. 공허감을 느끼게 된다.

60대: 자녀의 결혼으로 가족 포션 증가한다.

시간이 갈수록 나이가 들수록 관계의 포션이 점점 많은 조각으로 나누어진다. 성장하고 변화하는 시간은 한정되어 있다. 따라서 그때마다 우선순위도 바뀌며 정해질 것이다. 인간관계에서는 시간을 많이 할애하면 할수록 관계가 중요해지는 것이다. 20대는 지금 그 변화 시점에 서 있다. 우리가 성장할수록 점점 다른 세계로 나누어진다.

1. 가족: 가족은 가장 기본적이고 원초적인 사회이다.
2. 중고등학교, 대학교 교우: 새로운 친구를 만난다. 새 교우다. 시간이 지나고 관계가 깊어지면 새 교우는 기존 교우가 된다. 이러한 관계를 얼마만큼의 파이로 가져갈지를 결정을 해

야 한다.
3. 직장: 직장동료, 직장 동호회, 커뮤니티
4. 은사, 멘토
5. 이성 친구, 배우자
6. 일시적인 관계의 사람들: 여행친구, 취미를 같이하는 사람들. 단순한 호기심의 사람들인지, 아니면 계속 관계를 유지해야 하는 사람인지를 빨리 결정해야 한다.

하나의 차트를 나눌 때 가족, 기존 교우, 새로운 교우, 기타, 직장, 은사 등이 칸을 차지하게 되고 시간에 따라 이러한 비율은 유동적으로 변한다. 비율은 수시로 조정되어야 하고 계속해서 클렌징을 해나가야 한다. 관계의 비율 자체가 나이나 환경에 따라 조정되는 것이다.

대학에 진학하거나 직장생활을 하다 보면 가족과의 시간보다는 친구나 직장 동료와 더 많은 시간을 보내게 된다. 새로운 관계에서는 설렘이 있고 가족과는 소통하지 못하는 부분을 이야기할 수 있다. 물론 여기에는 가족 구성원으로서의 기본적인 포션을 계속 가지고 가는 것이다. 그렇지만 20대가 되면서부터 가족에게 비치는 자신의 모습을 평가해보기 시작해야 한다.

가족은 가장 먼저 만나는 사회이자 평생 관계를 끊을 수 없는 사회다. 부모에게 나는 어떤 딸이고 아들인가. 동생이나 형에게는 나는 어떤 사람인가. 우리는 서슴없이 '나'를 기준으로 부모와 형제자매를 평가한다. 하지만 반대로 그들에게 보이는 나 자신을 스스로 평가한 적이 있는가. 그들에게 비치는 나를 돌아볼 줄도 알아야 한다.

타인의 성장을 도와라

20대에 만난 관계가 평생을 갈까? 아니다. 부모들은 자녀에게 어릴 때 친구가 오래간다고, 그 우정이 중요한 법이라는 이야기를 많이 해준다. 그러나 사람관계는 그렇게 단순하지 않다. 30~40대쯤 되어 행동반경, 생활습관, 가치관이 변하면 어릴 때의 친구는 만나기 어려워진다. 심지어 가족조차도 그렇다. 세상이 너무 빠르게 변하기 때문이다. 그것은 기본적인 애정 문제가 아니라 성장 속도와 가치관의 변화 때문이다. 공통으로 대화가 되지 않으면 관계를 이어나갈 수 없다.

가족이 나와 끈끈한 혈연관계이지만 내가 당면한 문제와 고민을 함께 나누고 소통할 수 없다면 마음만큼 쉽게 교류할 수 없다. 친구도 마찬가지다. 시간이 지나면서 가치관에 따라 대화의 주제와 소통의 크기가 다르기 때문이다.

　스무 살이 되기 전까지는 가족과 교우관계가 인간관계 전체에서 포션을 크게 차지한다. 스무 살 이후에는 가족의 포션이 줄어든다. 교우 포션은 늘 일정 부분을 차지한다. 다만 자리바꿈을 하게 된다. 기존 교우를 유지하면서 새 교우를 사귀게 되므로 늘 일정 포션을 차지한다.

　고고 땐 은사를 중요한 포션으로 생각하지 않는다. 졸업한 이후에야 은사 포션이 생긴다. 시간이 지나면 이성친구나 배우자가 생기게 된다. 일정한 포션이 지속되다가 자리바꿈을 하면서 포션이 이동하기도 하고 줄기도 하고 늘기도 한다. 나이가 들면서 점점 배우자의 포션이 늘어간다.

　10대의 간단한 파이 차트의 포션이 20대에서 다양하게 바뀌다가 다시 30대에서 단순해진다. 내 가족, 직계가족, 방계가족 등의 가족 포션이 넓게 자리를 차지한다. 이런 일련의 과정을 겪으면서 내가 인간관계의 포지셔닝을 어떻게 할 것인지 20대에 체크리스트를 만드는 것이다.

　그러니 보라. 20대의 관계가 평생 간다는 것은 성립되지 않는다. 포션이 계속 바뀌는데 어떻게 변하지 않고 평생을 가겠는가. 수많은 인간관계 중에서 어떤 사람을 언제 어떻게 선택하느냐에 따라 삶의 방식과 질이 달라진다. 나의 삶이 다른 사람을 어떻게 받아들이느냐에 따라 달라지는 것이다. 어떤 사람의 관계가 지속하려면 그 상황에 맞는 충분조건이 성립해야 한다. 나와 소통이 되어야 하고 종교관, 경제적인 수준, 가치관이 맞아야 한다.

이런 관계도 나 혼자의 노력만으로 되는 것이 아니다. 부모도 그렇다. 부모가 자식들과 만나는 방법도 10대 때와 20대 때와 30대 때 달라져야 한다. 대화 주제도 달라져야 한다는 것을 알아야 한다. 부모도 시기에 맞게 성장하거나 변화해야 한다. 나는 성장하고 있으므로 부모에게 건네는 대화 내용과 성격이 달라졌다. 그런데 부모와의 대화가 일정한 주제 이외에서 벗어날 수 없다면 의무감이나 정서적인 공감대 정도로만 존재하게 될 것이다. 교우관계는 더 말할 필요도 없다. 동반 성장할 수 있는 주위의 관계만이 계속 이어져갈 수 있다.

인생의 등대를 찾아라

 20대에는 능동적으로 여러 경로를 통해 자신이 원하는 인생의 롤모델을 찾아라. 그리고 그 사람을 카피해 보기도 하라. 우리는 우리에게 누군가 롤모델이 정해지면 부지불식간에 그 사람을 따라 하게 된다. 그가 하는 사고, 그가 하는 행동을 보고 조금이라도 비슷해지려고 노력하게 된다. 가장 이상적인 롤모델은 가까울수록 좋다. 예를 들어 가족 안의 아버지, 어머니, 선생님 등이면 더 바랄 나위 없다. 동시대를 사는 동시에 시시각각으로 환경이 변화할 때마다 근거리에서 고민을 함께 공유할 수 있기 때문이다. 지금 우리가 생각하는 이상적인 멘토 상이 곧 나의 미래 모습이 될 수 있다.

 내 인생의 작은 한 부분의 변화 혹은 혁명을 주도할 수 있는 그런 사람을 찾아라.

나는 고전에서 이상적인 멘토를 많이 찾았다. 원대하고 높은 이상과 모델은 책에서 찾을 수 있었다. 또 다른 사람이 걸어온 길, 삶의 모습과 방식, 깊은 성찰의 태도를 내면화하면서 멘토로 삼았다. 그 과정을 몇 번 경험하면서 내 삶의 가치관이나 결정에 많은 영향을 미치게 되었다.

대부분 20대 때는 자신의 문제가 생기면 해결방법을 찾기 위해 친구를 찾아가 고민을 나누게 된다. 그러나 동년배의 또래 중 한 사람이 현명한 멘토링을 해주기 어렵다. 서로의 고민과 문제점들이 대부분 비슷하기 때문이다. 비슷해서 공감대가 형성될 수 있지만 비슷한 고민을 하므로 해결책을 구하기도 어렵다. 친구들과 대화에서 큰 도움을 받을 것이라고 기대하지는 마라. 그저 내 마음의 짐이 조금 가벼워질 뿐이라고 생각하는 게 좋다.

또 하나, 신앙이 있다. 나의 20대에는 신앙이 함께 자리하고 있었다. 악함과 선함의 공존을 배우고 전쟁과 종교에 대해서도 깊이 생각하게 되었다. '어른이 된다'는 무게를 생각으로만 감당하기에는 어려운 시기였다. 고전을 접하지 않았더라면 이런 생각을 해볼 기회조차 없었을 것이다. 세상의 이면을 보려고 하지 않았을 테고 그것이 선한 것이든 악한 것이든 가치관을 정립해가는 과정에서 많은 영향을 끼쳤다.

관계 클렌징하기

    컴퓨터의 성능을 높이기 위해서는 끊임없이 데이터 클렌징을 해주어야 한다. 사회관계도 끊임없이 정리되고 확장되어야 깊어지고 넓어진다. 그럴수록 인간관계도 데이터 클렌징을 하듯이 주기적으로 정리가 필요하다. 인간관계는 이념 혹은 이익으로 출발한다.

    이념에 기초한 인간관계는 이익과는 별개의 정신적인 교감을 먼저 필요로 하고 그 교감을 바탕으로 관계를 형성해 나간다. 같은 사상, 가치관이 주는 안정감, 생각을 지지받는 기쁨이 충족되면서 오는 정신적인 만족감을 충족시켜준다. 반면, 이익이 기초한 인간관계는 동일 목표, 동일 숫자를 향해가는 과정과 성취가 있다. 이념관계는 과정과 참여에 더 의미가 있으며 이익관계는 결과에 더욱 집중하게 된다.

　컴퓨터에 마구잡이로 데이터를 입력하게 되면 나중에 데이터 클렌징하는 비용이 많이 발생한다. 데이터는 끊임없이 축적되고 그중에는 쓰레기 같은 데이터, 중복된 데이터, 잘못된 데이터 등이 쌓이게 된다. 데이터 클렌징은 그런 것들을 정리하는 것이다. 어느 일정한 순간에 데이터를 돌려봐서 죽은 것은 없애고 중복된 것은 알려주고 정리하고 잘못된 것은 고치는 것이다. 마치 옷장 정리를 하고 세탁기를 돌리는 것처럼. 이처럼 인간관계에도 클렌징이 요구된다. 지금은, 현재는 많은 시간을 함께 보내고 친하지만 시간이 지나 다시 돌아봤을 때 그다지 좋은 관계가 아니었다 싶을 때는 신중하게 돌아보고 클렌징해야 한다.

　인간관계의 데이터 클렌징은 일정한 시간을 정해두고 할 필요가 있다. 몇 년에 한 번이라도, 빠르면 1년에 한 번이라도 어쨌든 시간을 정해두고 하는 것이 좋다. 주변 사람 중에 1년에 단 한 번도 전화하지 않는 관계가 전화번호 목록에 그대로 남아 있다면 다시 한 번 그 관계를 생각해봐야 한다. 그 사람은 정말 내게 관계가 있는 사람일까? 1년에 한 번 만나는 것으로 정해진 동창회 친구관계라면 그건 1년에 한 번을 만나도 유의미한 관계일 수 있다. 그렇다면 그 관계는 남기고 그것이 아니라면 클렌징해야 한다.

　20대 때는 관계가 그다지 많지 않기 때문에 새로운 관계를 마구잡이로 나의 데이터 속으로 집어넣게 된다. 그렇지만 지금부터 신중하게 생각을 해야 한다. 생각 없이 관계만 확충하는 데 신경을 쓰게 되면 나중에 클렌징 비용이 많이 든다.

모든 사람의 관계에는 기회비용이 발생한다. 어느 순간에는 클렌징을 해줘야 할 필요가 생긴다. 또한 인간관계에서 오는 스트레스도 만만치 않다.

어떤 사람은 너무 소심한 성격이어서 섣불리 아무하고도 관계를 맺지 않는 예도 있다. 시작도 하지 않고 노력도 하지 않고 포기하는 경우에는 관계 자체가 성립되지 않는다. 이때도 관계 맺기를 무작정 포기할 것인가, 시작하지 않을 것인가에 대해서 끊임없이 묻고 답하면서 인간관계 비율 조정에 대한 체크리스트를 만들어서 정리해야 한다.

인간관계는 전반에 걸쳐 일대 다수에서 시작한다. 개인은 누구나 조직의 일원이자 한 사람이다. 우리가 조직에 들어가면서 일대 다수 인간관계는 시작된다. 우리는 같은 가치와 목적으로 이루어진 조직 안에서 공감을 나누기 시작한다. 시간이 지나면서 일대일의 관계를 맺기 시작한다. 같은 목적에 따라 만나는 그룹이지만 더 밀접하게 가치관을 공유할 일대일을 만나는 작업을 끊임없이 하는 것이다. 당신은 누구와 가장 많은 시간을 보내고 있는가? 그 시간이 자신에게 어느 정도의 영향력을 끼치고 있는지, 어느 정도의 값어치를 하고 있는지 다시 한번 되짚어볼 때다.

20대에는 재미있는 관계에만 집중하고 소비한다. 데이트, 소개팅, 친구들의 생일파티 등이 빼곡하게 달력을 채운다. 오늘도 만나고 내일도 만난다. 그렇기에 20대 초반부터 관계 연습을 해야 한다. 20대 초반에는 관계에 대한 감각이 살아 있지 않기 때문에 미리 준비해야 한다.

30~40대에게 20대 때의 인간관계가 어땠느냐고 물어보면 20대 때는 너무 소비적이고 쓸데없는 관계를 많이 맺었던 것 같다고 답한다. 그저 시간을 그렇게 소모적인 관계에 써버린 것이다. 물론 이해할 수 없는 것은 아니다. 20대 초반에는 인적 네트워크가 없다고 생각하기 때문에 일단 마구잡이로 넓힌다. 좀 더 예리하고 비판적인 시각으로 사람에게 다가서라는 이야기다. 사람을 따지고 만나라는 이야기하고는 다르다. 30~40대에 돌아봤을 때 클렌징 비용으로 쓰게 될 상황을 미리 예견하고 행동하라는 말이다.

일정한 기간에 내가 가졌던 모든 관계나 상황을 객관화하는 작업을 해보는 시간이 절대로 필요하다. 인간이 태어나 죽을 때까지 관계하는 사람의 수는 매우 한정적이다. 물론 개인차가 있기는 하지만 나 자신이 커버할 수 있는 사람의 숫자를 먼저 정하고, 그 안에서도 우선순위를 정해야 한다. 우선순위는 자신의 삶에 대한 영향력의 강도만큼 우선순위를 매기면서 정리정돈해야 한다. 사회 구성원으로서 인간관계도 계속 학습하고 연구해서 재설정하고 클렌징하는 가운데 재정립해야 한다.

또래집단에 연연해하지 마라

　미성년일 때는 또래집단이 강하게 형성되어 있다. 성인이 될수록 또래집단이라는 것이 없다. 대학에만 들어가도 거의 그렇게 된다. 재수, 삼수, 수시입학, 복학, 휴학 등 입학 시기와 학년을 달리하면서 한 공동체에 속해 있어도 각자의 나이가 달라진다. 20대부터 나이가 오픈되어 있다고 보면 된다. 또래에 고착된 관계를 유지하는 것을 버려야 한다. 또한 나이가 많이 들면 들수록 나이 차이의 심리적인 격차가 없어진다.

　살다 보면 대여섯 살 정도의 나이 차이는 관계를 이어가는 데 그다지 많은 장애가 되지 않는다. 나와 가치관이 맞는 사람이 중요한 것이지 나이가 중요하지는 않다. 나이가 적어도 많아도 좋은 관계를 유지할 수 있게 된다. 나이 차이가 있는 사람하고도 잘 지낼 수 있는 스킬을 연마해봐야 한다. 그래야 사회적응도 빨라진다.

현재 관계하는 사람들이 한 연령층에 관계가 집중되어 있다면 다양한 연령층을 만나는 기회를 넓혀라. 이것에도 학습이 필요하다. 사회 진출과 직장생활을 위해서도 중요한 훈련이다. 만약 여러분 주위에 여러분 또래만의 관계가 있다면 경험해보지 못한 연령층이 있는 커뮤니티의 문을 두드려라.

사회생활을 시작하면서부터는 사뭇 다른 자세와 말투가 요구된다. 당신이 친구에게 보여주는 자세와는 완전히 달라야 할 것이다. 직장생활을 하면서 배운다면 시간이 늦다. 기회가 주어진다면 미리 그 경험의 가치를 공유하라.

다양한 연령층의 사람을 한계를 두지 말고 사귀고 관계를 맺어가면 자연스럽게 학습된다. 다소 익숙지 않은 연령층과의 그룹이 불편할 수는 있더라도 지금 당장 시작하라. 사회생활을 하는데 황금 같은 기회로 남을 것이다. 서양은 다민족이다 보니 인종으로 그룹핑을 한다. 반면 우리나라는 연령층으로 그룹핑을 한다. 연령층의 한계를 뛰어넘어야 한다. 약간 의도적으로라도 지금 당장 낯선 커뮤니티를 찾아가보는 것도 한 방법이다.

어떤 사람은 스무 살이 되자마자 옷차림을 단정히 하고 말투를 어른스럽게 하는 것을 연습했다. 사회생활을 하면서 다양한 연령층을 대할 수도 있으니 연습을 했던 것이다. 롤모델을 정하고 어린애 같은 말투나 태도와 자세를 교정하기 시작했다. 그 시기에 고쳐놓지 않으면 나이가 들어 프로다운 사회인의 모습을 갖출 기회를 놓칠지도 모른다고 생각해서다. 집에서의 나와 사회인으로서의 나는 달라져야 한다. 내가 가진 조직에서의 태도, 상대방에게 끼치는 영향에 대해서 인지를 해야 한다. 프로답게 행동해야 프로에 가까워질 수 있다.

착한 사람 증후군

착한 사람이 된다는 것은 마치 새 운동화에 흙을 묻히지 않는 것과 비슷한 것 같다. 더러움이 묻을까 봐 새 신발을 신고 길을 걸어갈 수 없게 된다. "이 사람은 착한 사람이야."라고 한번 자리매김이 되면 모든 상황을 견뎌야 하고 모두에게 베풀어야 한다. 항산恒産을 만들기도 전에 이미 성인聖人이 되어 있는 것이다.

항산이란 『맹자』에 나오는 말이다. 스스로 살아갈 수 있는 재산이나 생업을 말한다. 만약 항산이 없으면 항심을 갖기 어렵다고 했다. 항심이란 늘 떳떳하고 바른 마음이다. 항심이 흔들리면 방탕, 편벽, 사악, 사치 등의 유혹에 빠지기 쉽다고 경계했다.

'착한 사람'이라고 알려진 사람은 자기 자신을 추스르는 시간과 정신적 여유가 없어진다. 착한 사람이 주의해야 할 점은 자신

인생의 목표를 성취하기 위하여 여러 가지 장애 요소에서 굴복당하기 쉽다는 것이다. 주위에서 무언가를 요청할 때 아무런 생각 없이 흐리멍덩하게 반응을 하게 된다. 아니면 겉으로만 그런 척할 수도 있어서 많은 스트레스를 받는다.

나는 20대를 그야말로 치열하게 살았다. 사람들에게 독하다는 말을 들었다. 경제적인 독립을 빼놓고는 다른 중요한 것이 없는 것처럼 보였다. 아마 그것만 생각하는 사람으로 보였을 것이다. 하루에 두세 시간만 자면서 많은 종류의 일들을 했기 때문에 여유가 실제로 많지 않았다. 일단 모든 것을 뒤로 미뤄둔 채 열정적으로 앞으로만 나아가는 모습을 광고했다. 그렇게 해서 내가 사소하게 신경 써야 할 일들을 줄였다.

그때의 나처럼 가족이나 친구에게 자신을 일정 기간 독하게 인식시켜놓으면 한동안은 쉼 없이 달려갈 수 있다. 그 시간을 어느 정도 벌어두는 게 중요하다 평생을 그렇게 할 수는 없을 테지만 적어도 20대는 열정을 바쳐서 무언가 몰두하는 때이기에 그 시기를 놓치지 말기 바란다. 어느 정도 목표를 이루고 나면 갈등 요소에서 해방된다.

일반적으로 경제적인 독립은 자기 자신의 의지다. 나는 착한 사람 증후군에 빠져서 경제적인 개념이 흐려져 자기 앞가림도 못 하면서 잘못 보증서거나 그냥 아무 관계나 돈을 빌려주어서 더욱 많은 사람을 고통당하게 하는 것을 자주 봐왔다.

내가 누군가에게 도움을 줄 때는 그 도움 때문에 또 다른 나의 가까운 사람이 고통당하지 않는지 꼭 생각해봐야 한다. 나에게 타격을 입히지 않을 정도에서 하는 게 기본 원칙이다. 착한 사람이 될 때도 경제 원칙을 지키면서 단계적으로 발전해야 한다.

십 원을 가진 사람은 십 원만큼의 지혜가 있고 백 원을 가진 사람은 백 원만큼의 지혜가 있다. 경제상황이 나아지면서 지혜도 같이 성장할 수 있도록 계속 학습해야 한다. 나도 경제상황이 달라지면서 많은 변화가 생겼다. 시간이 흘러 돌이켜보면 그때 그대로 변하지 않고 있는 사람들이 정말 많다. 그것은 그 사람이 가지고 있는 자기 스테이터스, 경제상황, 가치관을 한 번도 깊게 생각하지 않고 업그레이드를 시키지 않은 탓이다.

내가 할 수 없는 것은 선을 그어주어야 한다. 만약 내 것을 다 내려놓고 나는 제로가 되어도 좋고 내 주머니는 텅 비도록 내려놓고 봉사를 하는 사람이 될 수도 있다. 그러나 함부로 그런 생활을 흉내 내기에는 우리 모두 너무나 평범한 일반인이다. 독함을 보유하고 20대를 살아가는 것은 심적으로 힘들다. 하지만 나는 그것을 지원하고 격려하고 싶다. 넘기면 되고 견디면 된다고 말해주고 싶다.

누구나 한번쯤은 부모로부터 많은 지원을 받고 '믿는 구석'이 있는 사람을 부러워 해봤을 것이다. 혼자 뭔가를 시작할 때 아무 것도 없는 것에서 시작하는 것보다 얼마나 쉬울 것인가. 우리는 출발점이 좀 더 빠르고 수월한 사람을 부러워한다. 그러나 나는 그런 사람이 아닌 것을 한 번도 속상해하거나 부러워하지 않았다.

나는 예전부터 누군가의 믿는 구석이 되어주고 싶었다. 내가 존재하는 것만으로도 주변 사람들에게 힘이 되는 그런 사람이 되고 싶었다. 별로 갖추지 못한 상태에서 착한 사람으로 자리매김되지 말고 일정 시간이 지나 자신이 40대가 되고 50대가 되었을 때 누군가의 버팀목이 되어주어야지 하는 생각을 해보는 게 좋다.

사람들이 가끔 나에게 삶의 방향을 물어보고 내 말을 경청해준다는 건 기분 좋은 일이다. 지금 무작정 좋은 사람보다 일정한 시간이 지난 다음에 든든하고 믿음직스러운 사람이 되어 있는 게 좋지 않을까. 당신은 누군가의 비빌 언덕인가, 누군가의 믿는 구석인가. 어떤 마음인지 생각해본 적 있는가? 깊이 생각해보라. 그 느낌은 참으로 좋다.

친구는 현재진행형이어야 한다

친구란 어떤 존재인가. 누군가는 꿈을 같이 이야기할 수 있는 사람이라고 말한다. 그런 사람하고는 오래가고 편하고 좋다고 말한다. 또 누군가는 비슷한 생각을 하는 사람이라고 말한다. 그렇다면 성격이 아주 다르고 직종도 전혀 다른 곳에 종사하는 친구라면? 그런 사람하고는 어떤 공통점이 있어 친구가 되는가? 오랫동안 만나지 못했다면? 한번 친구가 된 후 세월이 많이 흐른 후에도 계속 가는 친구는? 그런 친구하고는 어떤 공통점이 있는가? 왜 어떤 사람하고는 관계가 단절되지 않고 계속 친구가 되는가? 왜 친구 사이를 유지하는가. 같은 꿈, 공통점, 오랜 시간, 편안함. 친구라는 말을 할 때 떠올리는 말들이다.

친구라는 의미를 규정지어봐야 한다. 사람마다 친구의 조건은 다르다. 일반적인 틀에 맞추려고 고민하지 않아도 된다.

추억을 공유하는 메모리가 있어야 친구라고 정의하는 사람도 있고 현재 상황을 공유해야 친구라고 정의하는 사람들도 있다. 사람마다 친구의 정의는 다르다.

우리는 모두 시간이 한정되어 있다. 환경도 제약적이다. 그 가운데 친구는 바로 그 중심에 있다. 가장 자유로운 시간에 나의 선택으로 만나는 사람이 바로 친구다. 많은 사람이 가장 흔하게 부르면서 갖는 인간관계이기도 하다. 10대에서 20대로 옮아가면서 친구 관계에 많은 변화가 생긴다. 10대 때의 가치관과 20대 때의 가치관은 다르기 때문이다. 20대가 되면 누구라도 가치관의 변화가 가팔라진다. 그런데 사고 자체를 예전 그대로 가져간다면 친구 사이는 분명 문제가 생길 것이다.

최근에 지인이 친한 친구와 정치적 견해가 너무 달라서 대립했던 경험이 있다며 불만을 토로하는 것을 들었다. 그는 친구란 친해진 다음에 생각을 같이 맞춰가는 게 아니라 견해가 맞는 사람들끼리 친구가 되는 것이 나은 것 같다고 생각하게 되었다고 한다. 이미 친해진 사람하고는 다른 견해를 가졌다는 이유로 대립하게 되면 불편해진다. 결국은 계속 만날 수가 없다. 나와 전혀 다른 말도 안 되는 견해를 가진 사람과 어떻게 만나겠는가. 나중에는 가치관이 같거나 공통된 의견을 가진 사람들끼리 모이게 되는 게 끊임없이 계속되는 인간관계다.

큰 이념 대립이 있다거나 소통이 되지 않으면 친구로 만날 수가 없다. 각자마다 친구를 유지하는 절대 기준이 있을 것이다. 어떤 사람은 경제관이 맞아야 하고 어떤 사람은 감성코드가 맞아야 한다. 다 같지는 않다. 친구 관계를 유지하기 위해서는 일종의 타협이 필요하다. 이 타협은 두 사람의 몫이다. 꼭 맞춰야 할 수도 있고 어느 부분은 포기하고 갈 수도 있다.

20대에는 많은 변화를 겪는다. 그래서 우리가 익숙한 관계도 끊임없이 변화한다. 관계가 변화되더라도 당황하지 마라. 당연하다. 학교에 갇혀 있다가 20대는 개방된 사회로 나오게 된다. 나와 가장 친한 친구가 전혀 예상 못했던 다른 친구를 만나서 더는 나와 절친한 사이가 되지 않을 수도 있다. 인정해주는 것이 중요하다. 어떤 친구를 사귈 것인가는 나의 자발적인 선택이기 때문이다.

경제적 여건, 사고의 흐름, 가치관이 유사한 관계가 잘 만날 수 있다. 내가 그렇게 될 수 있도록 노력하는 것도 중요하다. 20대 때는 그 사실을 염두에 두어야 한다. 각자마다 친구를 유지하는 절대적 기준이 있다.

친구는 현재진행형이어야 한다. 친구는 마치 배우자처럼 내 옆에서 조력자가 되어주어야 한다. 학창 시절에 만났다고 모두 친구인 것은 아니다. 물론 마음은 친구일 수 있지만, 진정한 친구라면 일정한 기간 끊임없이 내 삶에 계속 영향을 끼쳐야 한다.

계속 영향을 줄 수 있는 친구라는 존재에 대해서 어떻게 받아들일 것인가에 대해서 20대에는 스스로 결정해야 한다. 친구라는 인간관계에서 오는 스트레스도 많다. 그 존재는 내가 하고자 하는 일에 많은 영향을 끼친다. 따라서 영향을 끼치지 않고 연착륙할 수 있도록 처음부터 관계정립을 잘해야 한다.

처음부터 그렇게 마구 관계를 많이 맺지 않아도, 친구로 만들려고 일부러 노력하지 않아도 살면서 다양한 종류의 '지인'들이 하나둘씩 늘어나게 된다. 그 지인들이 처음부터 친구가 되려고 애썼던 그런 사람 중에서 형성된 건 아닐 수도 있다. 또 언제 그런 사람들을 만날 수 있는지는 아무도 모른다. 지금 만나고 있는 사람이 내 인생의 다가 아니라는 것을 알아야 한다.

20대는 불안하다. 이때의 관계가 너무 중요하고 평생 간다고 하니까 아니라고 생각하면서도 관계를 맺으려 한다. 그러나 인생의 어느 시점에서 누구를 어떤 모습으로 어떤 관계로 만날지는 모르는 일이다. 지금 꼭 만나지 않아도 괜찮다. 그러니 불안해할 필요는 없다. 우리는 자기 나름대로 사람을 판단하고 관계를 맺으며 살려고 노력한다.

시간을 많이 보내는 사람과 성향이 맞으면 오래가는 관계가 된다. 그 사람과 많이 교감하게 되면 일정 시간이 지나고 나서도 관계를 유지하게 된다. 관계는 항상 새롭게 형성될 수 있다. 시간이 되면 자연스럽게.

20대 때는 또래집단이 전부인 것 같은 두려움에 시달린다. 그러나 그렇게까지 온 시간을 바쳐 몰두하고 고민할 것만은 아니다. 현재 20대의 관계에 묻히지 마라. 거기에 너무 많은 시간을 들이고 고민하지 마라. 나 또한 인간관계 때문에 방황을 하고 고민을 했다. 20대의 많은 이들이 그렇게 하는 것처럼. 그러나 지금 맺은 관계들이 그렇게 고민할 정도로 계속되는 것은 아니다. 그것을 명심하라.

다른 하나의 방법으로는 사람과의 관계를 말로 하는 게 아니라 글로 정리해보면 객관적인 시각으로 다가가 볼 수 있다. 그와 나는 어떤 관계일까. 그 관계를 한번 글로 정리해보라. 좀 더 관조적으로 접근할 수 있다. 우리가 관계하는 사람들은 뜻밖에 많아서 때때로 그 관념적인 관계가 우리 머릿속과 가슴속에 들어 있어 설명되지 못하는 경우가 대부분이다. 지금 주변의 친구들 하나하나를 다 언급하고 공통사가 무엇인지, 이견이 무엇인지, 친밀도가 어느 정도인지, 그 관계가 나에게 유익한지 등을 글로 정리하다 보면 좀 더 관계가 명확해질 수 있다.

그 사람에 대해 정리하고 나에게 미치는 비중을 정리해가면서 객관화해본다. 나에게 미친 영향력의 정도를 정리해보는 것이다.

감정적이고 복잡하고 감성적인 인간관계를 수학적으로 단순화한 전략적인 접근이라고 볼 수도 있다. 사실 인간관계에도 전략적인 사고와 수학적인 접근방법이 필요한 법이다.

무조건 '좋은 사람'이라고 말하는 게 아니라 활자화해 보겠다고 작정하고 생각해보면 그렇게 단순하게 쓰이지는 않을 것이다. 그저 예쁘면 되거나 그저 성격이 좋거나 하고 말하는 것처럼 끝나지 않을 것이다. 내가 선택할 수 있기 때문에 여러 가지를 생각해 보게 될 것이다.

친구는 내가 원하는 상을 기다리면서 만나는 관계는 아니다. 사람의 관계는 일정한 틀에서 움직인다. 행동반경, 사고의 흐름, 경제수준, 가치관 등이 유사해야 관계를 잘 유지할 수 있다. 만약 일부가 누락된다면 그 관계의 위기가 느껴질 수 있다.

사람을 만날 때도 5년 후까지 만날 것인가 안 만날 것인가를 설정한다. 내가 이 사람하고 지금은 좋지만 5년 후에도 괜찮을 것인가, 이 사람과 미래까지 관계를 설정하면서 계속 노력할 것인가 하는 것이다. 지금 정해져 있는 커뮤니티에서 이탈해 있더라도 똑같은 사람들과 다시 5년 후에 재결합할 수 있다. 당장 함께 목표가 설정되지 않더라도 몇 년 후에는 다른 목적으로 이 관계를 이어갈 수 있다. 그때는 물론 관심사가 다를 것이다.

지금은 만나지 않더라도, 지금은 만나서 좋은 사람이더라도 목표를 설정하고 미래에 어떻게 될 것인가를 생각해봐야 한다. 내가 어떻게 노력해야 계속 만날 수 있는지 숙고해봐야 한다.

연애도 학습이 필요하다

연애도 끝이 좋아야 한다. 연애는 일반적인 인간관계와 달리 끝이라는 단어를 쓸 수 있다. 결혼이든 이별이든 끝날 때 결혼하면 긍정적인 방향의 끝이고 이별하면 상처가 될 수 있다. 이별도 좋은 추억의 끝이 되어야 한다. 잘 헤어진다는 것은 좋은 추억으로 남아야 한다. 좋은 추억으로 남는다는 것은 내 가슴에 좋은 감정으로 남게 하는 것이다. 그런 사람 다시 만날까 봐 두려워하는 것은 나쁜 끝이다. 어디서 마주칠까 봐 겁나는 것도 나쁜 끝이다. 다시는 그런 종류의 사람과 만날까 봐 두렵게 이별하지 말아야 한다.

내 의지로도 남의 의지로도 헤어질 수는 있다. 내 의지로 끝나게 하려면 상대방이 나쁜 감정을 남기지 않게 헤어져야 한다. 극단적으로 마음을 상하게 하면 안 된다. 사람관계는 신호가 온다.

마냥 좋다가 이유 없이 확 이별이 오는 게 아니다. 신호가 왔을 때 캐치를 해서 정리하는 방법을 가져가야 한다. 사랑하고 이별을 하다 보면 성숙하게 만나고 잘 헤어질 수 있다. 잘 이별할 수는 있는 방법을 터득해야 한다. 상대방에게 시간을 주고 잘 정리할 수 있도록 배려하는 게 성숙하게 이별을 대처하는 방법이다.

뜬금없는 이별이란 있을 수 없다. 한순간에 이별통보를 받더라도. 이별의 신호가 오면 나에게도 정리하고 남에게도 표현을 해줘야 한다. 상대방의 어떤 태도와 어떤 사건들이 이별을 생각하게 했다는 것을. 신호를 받기도 하고 주기도 해야 한다. 혼자만의 커뮤니케이션을 하면 신호를 감지하지 못한다. 쌍방의 커뮤니케이션을 해야 한다. 좋은 이별을 하려면 이별의 신호도 주고받아야 한다.

커뮤니케이션의 가장 중요한 근본은 남의 마음을 내 마음인 양 해서 멋대로 해석하지 말아야 한다는 것이다. 모든 오해의 시초가 남의 마음을 내 맘대로 해석한 데서 일어난다. 늘 솔직한 감정 표현을 해야 하고 어떤 사소한 것에도 의견이 생기면 말해줘야 한다.

사람을 만나서 연애하고 결혼하는 일련의 모든 과정이 20대 때는 당연한 과정처럼 여겨질 것이다. 당연히 이성을 만나고 당연히 연애를 시작할 것이다. 고전소설부터 영화의 사랑이야기까지 연애에 관련된 것들을 아무리 섭렵하더라도 이별에 대한 개개인의 상처는 항상 힘들고 아프다. 되도록 다양한 많은 사람들과 연애를 해보고 연애에 대해 많이 알아보고 생각해보고 결혼을 선택해야 한다.

연애는 기존의 다른 인간관계와는 다른 시각에서 봐야 한다. 친구나 가족은 나와 맞지 않더라도 계속 지속한다. 반면 연애는 내가 추구하는 방향과 다르면 빨리 끝난다. 연애는 모든 가능성이 동시다발적으로 일어날 수 있다. 수많은 책에서 연애를 논한다. 연애는 열정적으로 하라느니 차가운 가슴으로 하라느니 지침도 많다. 이처럼 한 가지로는 규정지을 수 없는 것이 연애다.

연애도 학습이 필요하다. 보통 연애를 할 때는 연애 감정에 가려서 사람을 잘 보지 못한다. 연애에 트러블이 생기는 것은 사랑이라는 감정이 식어서가 아니라 그 사람과의 관계를 잘못 설정해서다. 연애를 사람과의 관계로 보지 않고 감정으로 보기 때문이다. 연애도 사실 사람과 사람과의 관계다. 가끔 우리는 연애하는 사람 자체보다는 그 사랑이라는 감정과 행위 자체에 빠지는 오류를 범하게 된다.

연애라는 게 이성이라는 타인과 맺는 특수한 관계 같아 보이지만 그것도 간단하게 보면 그저 '한 사람'과의 관계라고 보면 된다. 다만 그 사람과의 관계를 사랑이라는 다른 표현으로 정의 내

려져 있을 뿐이다. 사랑은 일시적이라느니, 오래가지 못한다느니 여러 말이 많다. 하지만 이 모든 관계에도 기본적인 인간관계가 있다. 연애관계에서 느끼는 뜨거움만이 관계 전부는 아니다. 이 말은 연애를 할 때도 조건을 맞춰서 만나라는 것이 아니라 연애에도 인간관계의 모든 기술을 적용해야 한다는 말이다. 앞서 말했듯이 기본적인 인간관계와 다를 바가 없다는 뜻이다. 기술을, 학습을 적용하면 배우자를 선택하는 데 훨씬 이성적인 판단을 하게 된다.

연애나 결혼도 인간관계의 연장선 상에서 하나의 현실일 뿐이라고 규정하라. 인간관계 클렌징, 관계의 객관화 등 인간관계의 모든 법칙이 연애와 결혼에도 다 적용된다. 연애에서 끝맺음이란 결혼이 될 수도 있고 이별이 될 수 있다. 하지만 이별도 좋은 추억이 되어야 한다. 잘 헤어져야 한다. 다른 사람들과 헤어질 때 예의 바르고 깨끗하게 마감해야 한다. 동시에 내 인생의 일부를 가치 있게 만들 수 있도록 해야 한다. 대충 관계를 끝맺음하지 마라.

결혼 전에 꼭 체크해야 할 것들

20대의 남자들에게 배우자를 선택하는 기준을 생각해본 적이 있느냐고 물어보았더니 첫째도 둘째도 셋째 기준도 모두 '외모'라는 우스갯소리들을 한다. 시간이 지나면 달라질 수 있겠지만 20대에서 남녀가 만나는 조건에는 외모가 매우 많은 비중을 차지하고 있다.

물론 사람을 선택하는 것이 총체적으로 하는 것이지 단편적이지는 않다. '외모'를 배제하고 생각할 수 있는, 선택할 수 있는 자신의 생각을 연마해야 한다. 여자도 마찬가지로 배우자 조건으로 남자들의 경제력을 최우선시한다고 한다. 그렇게 말하는 여자들의 경제력이 과연 남자들과 비슷할지는 의문이지만 말이다.

처음에는 사람이 만나서 본능에 따라 매력적인 어떤 외적인 것들에 끌리겠지만, 배우자를 생각하는 리스트는 꼼꼼히 따져봐야 한다. 사람들은 예쁘고 멋있는 사람을 선호하는 게 아니라 예쁘고 멋있는 것을 포함한 누군가를 좋아한다. 배우자를 선택하는 리스트를 써보는 것은 조건을 따지는 것과는 다르다. 외모와 학벌이 아니라 같이 인생을 갈 수 있는 사람, 나와 맞는지를 꼼꼼히 체크해봐야 한다.

머릿속에 있는 상상만이 아니다. 아래 나와 있는 일련의 체크리스트가 내 남편의 머릿속에 항상 그렸던 배우자를 선택하는 스무고개라고 한다.

1. 나와 죽는 날까지 친구로 지낼 수 있는 사람
2. 나와 음악적 취향이 비슷하고 악기를 하나 이상 다룰 줄 아는 사람
3. 나와 영화적 취향이 비슷한 사람
4. 나와 독서 취향이 비슷하고 성인이 된 후 한 편이라도 시를 써본 적이 있는 사람
5. 나와 여행 취향이 비슷한 사람
6. 나와 함께 스포츠나 레저를 즐길 수 있는 사람
7. 나에게 소중한 것을 함께 소중히 여길 줄 알며 언행이 경박하지 않은 사람

8. 차가운 머리와 뜨거운 가슴이 조화로운 사람
9. 너무 필요 이상으로 돋보이는 출중한 외모를 갖고 있지 않은 사람
10. 나이와 관계없이 어리지 않은 사람
11. 몸과 마음이 다 건강한 사람
12. 습관적으로 거짓말하지 않는 사람
13. 순진하지는 않지만 순수함은 간직하고 있는 사람
14. 나를 만나기 전에 연애해본 경험이 풍부한 사람
15. 인문학적 소양과 함께 수학도 잘하는 사람
16. 나보다 영어를 잘하는 사람
17. 경력에 대해 이해를 하고 고민을 함께 나눌 수 있는 사람
18. 경제적으로 독립적인 사람
19. 적절한 정도의 허영심과 측은지심을 가진 사람
20. 빚을 져본 적이 없고 남의 돈을 무섭게 아는 사람

배우자도 친구와 마찬가지로 공통의 관심사가 있어야 한다. 이건 사랑을 논하는 것이 아니다. 누구나 관심사가 생기면 시간을 투자하게 된다. 시간은 한정적이다. 서로의 관심사가 다르다면 교집합을 이루어내는 것이 힘들다. 부부는 전체적인 실루엣이 같아야 한다. 이 접근은 친구 혹은 연애와는 다르다. 처음에는 다를지

라도 시간을 함께 보내면서 동일시해가는 것이다. 상대방을 인정하면서 수용해가는 학습이 빠르면 빠를수록 이상적인 부부관계가 유지될 수 있다. 부부는 정신적인 교감이 아주 중요하다. 결혼은 생활이다. 내적인 교감이 외적인 조건보다 앞서야 한다.

20대는 독립된 개체로서 살아가는 시작이다. 결혼도 마찬가지다. 독립된 개체로서 나를 잘 추스르면 두 독립된 개체가 만나서 원만하게 가족의 울타리를 구성할 수 있다. 그렇게 되면 문제가 줄어든다. 무엇이든 독립된 사고를 해야 한다. 결혼할 때부터 정확하고 솔직하게 털어놓고 앞으로의 경제 계획을 짜고 아내와 남편의 현시점에 대한 모든 상황을 낱낱이 알고 선택해야 한다.

상대방의 돈에 관심을 두는 순간 사심이 있다고 여기게 될 수도 있다. 하지만 처음부터 그런 분위기를 없애야 한다. 확실하게 공개하고 앞으로의 계획을 이야기하고 두 사람만의 경제관을 수립해야 한다. 연애할 때도 그렇다. 그 비용이 어디서 나왔는지 서로 알아야 한다.

어떤 사람이 연애할 때 선물을 엄청나게 많이 받았는데 결국 알고 보니 카드빚이었단다. 결혼했더니 그 빚이 결국 다 자기에게로 되돌아온 것이다. 결혼할 때 경제적으로 독립하는 것은 매우 중요하다. 독립된 사고 또한 그렇다.

자기의 주관대로 자기가 생각한 대로 할 수 있는 자기 가치관이 확립되어 있는지 확인해야 한다. 이 사람이 독립된 개체로서 자기 주변문제를 온전히 혼자 해결하고 있는지가 중요하다. 독립적으로 문제를 해결하지 못하는 사람들의 특징은 갈등이나 스트레스에 대한 내성이 매우 부족하다. 주변에 조금만 힘든 일이나 갈등이 생기면 도피하려는 성향을 지닌다. "우리 둘은 좋아요. 둘 이외의 다른 문제가 우리를 괴롭혀요."라고 말하는 사람이 있다.

결혼은 우리가 예측할 수 있는 것보다 훨씬 더 당사자 이외의 사람들과 연관되어 있다. 너무 쉽게 생각하고 결정하다가는 미숙한 결정을 내릴 수도 있다. 그 사람이 과연 독립된 인간이었느냐를 물어봐야 한다. 본인의 가치관이 뚜렷하다면 문제나 갈등이 발생하더라도 문제 해결능력을 발휘할 수 있을 것이다.

결혼에 대한 역발상에 대해서도 생각해볼 필요가 있다. 많은 이들이 결혼을 아주 중요하게 생각한다. 인생의 굵고 큰 방점을 찍는 것으로 생각하면서 너무 많이 생각하고 너무 많은 것들을 고려한다.

그런데 어떤 사람은 "결혼해서 살아보고 아니면 그만이지, 뭘 그렇게까지 크고 중요하게 생각하나?" 하면서 배우자를 남들처럼 꼼꼼하게 필터링하지 않았단다. 마치 친구 하나 소개받는 것처럼. 우리가 친구를 소개받을 때 인생을 걸고 목숨을 걸고 필터링을 하지 않는 것처럼. 몇 가지만 맞으면 사귀어보고 제일 친한 친구가 될 것인지 아닌지는 다음 문제인 것처럼 결혼도 그렇게 접근하는 사람도 있다.

또 어떤 사람은 굉장히 많이 체크한다. 배우자 스무고개를 만들어도 보고 여러 가지 리스트를 만들어서 거기에 맞는 사람들을 계속 필터링을 해본다.

자, 한쪽은 필터링을 아주 많이 하는 사람, 또 한쪽은 전혀 안 하는 사람이 있다. 이런 사람도 있고 저런 사람도 있다. 그런 상반된 결혼관을 가진 남녀가 서로 배우자로 만날 수도 있다. 그렇게 만난 두 사람의 균형이 전혀 맞지 않을 것이라고 단정적으로 말할 수는 없다. 내가 필터링을 많이 하니까 상대방도 필터링을 많이 한 사람을 만날까. 융통성 있게 결혼관의 다름을 받아들이면 된다.

또 하나. 나는 실패에 대한 극복을 중요한 인생관이라고 생각한다. 뭐든지 실패해보고 극복해보는 경험이 있어야 한다. 실패에 대한 두려움이 있을 수도 있고 남의 실패를 보고 상처를 받았을 수도 있다. 그래서 누구나 실패를 두려워한다. 결혼에 실패하려는 사람은 없다. 하지만 설사 실패해도 내가 극복할 수 있으리라는 자신감이 있으면 된다.

그렇게 하면 오히려 실패할 확률이 훨씬 줄어든다. 설사 실패하더라도 분명히 실패에서 학습하고 일어설 수 있으리라는 자신감이 긍정적인 결과를 낳는다. 그러나 대부분 사람은 결혼에는 실패하지 말아야 한다고 굳게 다짐한다. 결혼에 실패하면 인생 끝이라는 극단적인 생각을 하다 보니 더 실패하기도 한다.

실패를 두려워하면 시도하기를 주저하게 되고 가치 있는 무언가를 얻기도 어렵다. 배우자를 선택할 때도 혹시 나에게 찾아올 수 있는 실패를 두려워해서는 꼭 맞는 나의 반쪽을 머뭇거리다 놓치는 경우가 허다하다. 실패를 두려워하지 않으면 배우자 선택에 적극적이게 되고 결혼에 대해서도 적극적이 된다. 그냥 한번 해봐, 너무 신중하지 마, 정말 신중하게 선택해야 하지만 딱 맞는 타이밍에 선택해야 하는 것도 결혼이다. 계속 신중만 하면 그 또한 좋은 선택을 놓치고 만다.

나는 어렸을 적 새 운동화를 신으면 굉장히 불편했다. 때가 조금이라도 묻으면 더러워 보일까 봐 걱정했다. 그래서 일부러 더럽혔다. 그러면 새 신발도 편안해졌다. 실패를 한번 해보고 나면 하나도 두려울 게 없다. 나는 깨끗하고 뭐가 묻으면 안 될 것 같고 깨지면 안 될 것 같다고 생각하면 아무것도 시도할 수 없다.

과감할 수도 없고 성공할 기회가 있어도 못 잡는다. 나 스스로 깨질 수 있는 준비를 언제든지 해서 한번 부딪쳐서 실패를 해보는 게 오히려 낫다. 결혼에 실패하라는 게 아니다. 실패를 해보고 극복해보는 과정에 대해 지나치게 두려워하지 말란 얘기다.

꿈과 비전 그리고 목표가 맞는 배우자를 선택해야 한다. 퍼스널 라이프가 잘 맞으면 진정으로 시간을 많이 쓰는 일을 같이할 수 없다. 일에 있어서 조력자나 협력자의 역할도 충분히 같이할 수 있는 배우자를 선택하면 함께 걸어가야 할 남은 인생의 길이 밝을 것이다.

베터 하프!
베푸는 반쪽이 되어라

    20대는 결혼을 어떻게 생각할까? 결혼한 지 오래된 사람들에게 결혼에 대해 물어보면 보통은 20대에 별로 생각이 없었다거나 '결혼'에 대해서는 생각을 했지만 '결혼생활'에 대해서는 생각해 보지 못했다고 말한다.

    보통은 다 그렇다. 모든 관계에 현실 생활에서 요구되는 관계 설정과 기술이 필요하지만 유독 사람들은 결혼이나 연애 같은 것들을 현실생활과 연관시키지 않는다. 연애나 결혼은 현실보다는 감정이 우선이라고 생각한다. 감정이 이입되는 것이라고 여긴다. 그러나 연애나 결혼도 모든 인간관계 맺기의 단계와 같다. 현실생활과 동떨어진 것이 아니다.

사람들은 보통 결혼만 하면 모든 것이 바뀔 것이라고 여긴다. 환상을 가진 사람들은 결혼만 하면 나의 모든 상황이 완전히 바뀔 것이라고 믿는다. 막연한 환상만 가지고 있다. 그러나 실제로는 그렇게 많이 달라지지는 않는다. 물론 물리적으로는 많이 바뀐다. 배우자가 생기고 상대방의 가족과 관계를 맺고 아이도 생긴다. 그러나 결혼 자체로 바꿀 수 있는 현실은 없다. 20대 때 결혼과 생활이 환상이 아니라는 것을 알아야 한다. 그러려면 배우자를 선택할 때의 기준을 현실적으로 구체화해야 한다. 리스트업이 필요하다.

올바른 단계별 학습이 필요하다. 무엇이 옳을까. 먼저 연애관을 세우고 거기에 맞는 사람을 찾는 것이 좋을까, 여러 사람을 만나고 사귀면서 나에게 맞는 사람을 찾는 것이 맞는 연애관일까. 사람들은 보통 먼저 연애관을 세워놓고 사람을 찾는다. 그러나 그건 바른 연애관을 세우는 현명한 방법이 아니다. 연애관, 결혼관은 절대로 자기 혼자 정립할 수 없다. 사람과의 관계이기 때문이다. 기본 골격은 있을 수 있다. 누구도 근본적으로 문제가 있는 사람을 만나겠다고 미리 정하는 사람은 없을 테니까. 좋은 사람을 만나겠다고 정하는 기본 틀은 똑같다.

"어떤 배우자를 만나기를 원하십니까?"라고 물어보면 누구나 좋은 사람, 예쁜 사람을 원한다. 바른 연애관은 사람을 만나면서 정립이 되는 것이다. 그 일련의 과정이 중요하다. 내가 중요하게 생각하는 것들은 사람을 만나다 보면 정립이 된다. 대부분은 피상적인 기준을 정해놓고 안 맞아서 헤어져 버린다면 좋은 사람을 만날 수 없다. 계속 만나면서 관계를 정리하고 정립하고 맞추어보면 내가 원하는 중요한 가치기준을 가진 사람을 만날 수 있다.

20대에게 어떤 이성을 만나고 싶은가를 물으면 바로 유명한 연예인 이름을 댄다. 유독 20대가 쉽게 연예인을 이상형으로 말하는 것은 외적인 것을 우선하기 때문이다. 눈에 보이는 것이 전부는 아니다. 외모만을 기준으로 이상형을 정해놓고 사람을 만나다 보면 만남 자체가 점점 허상에 가까워진다. 내가 지금 만나는 사람을 실제의 인물이 아닌 가상의 어떤 사람과 오버랩하면서 비교하게 된다.

지금 내 앞에 있는 실체에 대한 리스트업이 없고 내 마음의 가상 인물에 맞추어진 환상은 항상 현실과 괴리가 생기게 마련이다. 외적 충족감에서 주어지는 것들에서 벗어날 수 있도록 내 마음을 다스려야 한다. 진실의 내면을 봐야 한다. 내 눈이 보이는 것의 생각을 따라가는 것이 아니라 그 이면에 보이지 않는 것들에 집중해야 한다.

사람을 알아가는 과정에 대해 기본적으로 호기심과 관심이 있어야 한다. 그러면 절대 외모만 보지 않는다. 여러 번 보고 이야기 해봤더니 좋은 사람이더라, 알고 봤더니 괜찮은 사람이더라는 이야기를 많이 들어봤을 것이다. 20대는 그 '알고 보니'조차 하지 않는다는 데 문제가 있다. 기본적으로 사람에게 호기심을 가지고 내면을 보려고 끊임없이 노력해야 한다. 눈이 생각을 지배하게 하지 마라.

독립적인 삶도 중요하다

결혼하려면 배우자와 상관없이 내가 먼저 온전해야 한다고 말한다. 상대에게 기대지 않고 스스로 설 수 있어야 한다는 것이다. 스스로 서면 상대는 필요 없을까? 그렇지 않다. 내가 온전해져서 스스로 서면 상대에게 기대하는 것이 없다. 기대하는 것이 없으면 상대를 더 잘 이해하고 더 잘 이해하면 상대가 부족한 것을 메울 수 있다.

결혼생활은 좋아하는 남녀가 손 붙잡고 소풍 가는 일이 아니다. 하기 싫은 일을 억지로 해야 할 때도 많다. 그 힘든 순간을 스스로 감내할 줄 아는 독립적인 사람을 만나야 결혼생활을 이어나갈 수 있다. 서로가 서로에게 자유로워야 한다.

결혼생활은 두 사람 모두에게 쉽지 않은 일이다. 한번 의지하기 시작하면 계속 의지한다. 혼자만 어려운 게 아니다. 자신의 짐은 자신이 들 줄 알아야 한다.

"친구를 연애처럼, 연애를 친구처럼" 해야 한다는 말이 있다. 친구관계 같은 연애를 하라는 것이 아니라 친구를 선택하는 것처럼 연애하라는 것이다. 연애도 친구관계에 있는 것처럼 하라는 것이다.

친구는 누구라도 단순한 의도로 만난다. 연애는 아주 복잡한 의도로 만난다. 그걸 교차해야 한다. 오히려 친구를 보는 눈이 더욱 까다로우면 연애는 더 가벼워질 수도 있다. 왜냐하면 친구관계는 태어나면서부터 좀 더 오랫동안 학습이 되어왔기 때문이다. 연애는 사춘기 이후 이성에 눈뜨기 시작하면서 시작되었고 사람에 따라 만남 횟수도 제한적이기 때문에 좀 더 서투를 수밖에 없다. 이성친구를 사귀되 동성친구를 선택하는 것과 같이 생각하면 똑같이 합리적인 선택을 할 수 있다.

결혼하기 전에 연애를 많이 해봐야 한다고들 한다. 연애를 한 사람과 오래하는 것은 별 의미가 없다. 사람을 파악하는 데는 3~4개월이면 된다. 물론 친구가 아닌 남녀관계라면 좀 더 길 수도 있겠다. 어떤 사람은 대학교 1학년 때 만나 연애 한 번도 안 해보고 졸업과 동시에 한 달 만에 결혼한 사람이 있다. 반면 어떤 사람은 아주 오랜 시간이 지난 후에 하는 사람도 있다. 모두 개인적 취향이고 가치관의 차이가 있어서일 것이다.

그러나 한 가지 분명한 건 20대와 30대에 세상을 보는 가치관에는 10년 정도의 단위로 아주 많은 변화를 겪는다는 것이다. 그래서 어느 정도는 자신의 삶에 대한 확실한 가치관을 수립한 후에 결혼하는 것을 추천한다. 결혼은 행복해지려고 하는 게 아니라 행복한 사람들이 만나서 하는 거다. 잠깐의 감정이 무조건 행복한 결혼을 보장하는 것이 아니므로 행복한 결혼생활을 하려면 끊임없는 노력과 삶의 업그레이드를 해줘야 한다.

사람에 따라 양은 다르겠지만 기본적으로 사람을 많이 만나보고 사람에 대해 알아야 한다. 그래야 문제가 생겼을 때나 틀어진 관계를 회복하려 할 때 어떤 노력을 해야 하는지를 안다. 사랑만 하면 어떤 순간이라도 어려움을 뚫고 나갈 수 있다는 것은 현실세계에 없다.

내가 별다른 노력을 하지 않았는데도 저절로 화학반응이 일어나 계속 관계가 잘 갈 수 있는 것 또한 아니다. 분명히 부부생활에도 학습이 필요하다. 남녀관계도 기본적인 인간관계에서 시작한다. 사랑이나 애정은 기본적인 인간관계에서 시작해서 그 기본을 바탕으로 플러스가 되는 것이다. 친구관계는 정말 잘 되는데 남녀관계는 잘 안 된다고 하는 사람들이 있다. 그런 일은 일어날 수 없다.

결혼은 추상적일 수 있지만 결혼생활은 현실적이어야 한다.

사람마다 관심사가 많이 다르다. 그러나 부부 사이에는 공통의 관심사가 필요하다, 연애할 당시는 혹시 관심사가 달라도 서로 존중해준다. 하지만 당연히 자연스럽지 못한 것은 그리 오래가지 못한다.

예를 들어 낚시를 좋아하는 남편과 남편이 낚시하는 것을 싫어하는 아내가 있다고 하자. 아내는 그가 낚시하는 것을 왜 싫어할까. 갑자기 그 여자는 낚시하는 그 남자를 그토록 싫어하게 된 걸까. 왜 낚시터에 같이 가지 않을까. 남편은 연애할 때는 낚시를 좋아하지 않다가 결혼한 이후 갑자기 낚시를 좋아하는 사람이 된 것일까. 아니다. 처음부터 서로의 취미와 관심사가 달랐던 것이다. 그런 사람들이 부부가 된 것이다. 여하튼 부부 중 한 사람이 싫어하는 것이 있다면 그런 취미생활은 하지 말든지, 그 취미생활을 싫어하는 사람과는 결혼하지 말아야 한다.

문제가 생기는 것은 그 선택을 처음에 생각하지 않았기 때문이다. 어느 날 갑자기 여자가 쇼핑을 즐기고 남자가 낚시하러 다니고, 어느 날 갑자기 그 남녀가 쇼핑과 낚시를 싫어하게 된 것이 아니다. 사람들이 분란이 있을 때는 세계평화나 난민 구호와 같은 것으로 싸우지 않는다. 거창한 담론보다는 아주 사소한 것들로 다툼이 일어난다.

나의 어떤 것을, 어떤 점을 진정으로 싫어하는 사람이라면 결혼하지 말아야 한다. 한시적으로 이해하고 용인하는 사람이 아닌, 그것을 좋아하는 사람이라야 결혼해도 문제가 생기지 않는다. 재차 강조하지만 정말 받아들일 수 없는 문제점이 있을 때 그것을 개선하거나 없앨 수 있으면 결혼을 하라. 그러나 아니라면 하지 말아야 한다.

더 나은 반쪽이 된다는 것? 바로 20대인 당신의 이야기다. 결국 좋은 배우자와 결혼해 행복하게 살려면 먼저 자신부터 사랑하고 바꾸어야 한다. 자신을 잘 가꾸고, 자신의 인간 됨됨이를 만들고, 자신의 값어치를 높이는 노력을 먼저 기울여야 한다. 자신을 사랑하면 조건만 보고 결혼하지 않는다. 자신에게 맞는 사람을 고민하게 되고, 결국 운명과도 같은 반쪽을 만나는 법이다.

결혼은 배우자에게 받는 게 아니라 베푸는 데서 의미를 찾아야 한다. 배우자의 반쪽을 어떻게 메울지 고민하는 사람들은 결혼생활이 행복하다. 사람은 완벽할 수 없다. 누구나 허물이 있다. 그것을 이해하고 감싸줄 수 있는 사람은 조건에 상관없이 '더 나은 반쪽'의 자격이 충분하다. 그래서 나는 결혼을 앞둔 친구들에게 이렇게 당부한다. 배우자 덕 볼 생각 말고 당신 자신부터 돌아보라.

결혼도 인간관계의 연장선 상에 놓여 있다. 사람을 선택할 때, 배우자를 선택할 때는 많은 디테일을 리스트업을 한다. 그러나 처음에는 내가 집중해야 할 부분에만 집중하는 게 낫다. 결혼을 선택할 때 너무 많은 디테일이 있으면 배우자로 선택하기 어려울 수도 있다.

결혼이 나에게 많은 영향을 끼치기도 하지만 부분적일 수도 있다. 결혼을 시점으로 나의 많은 부분이 바뀔 거라는 말을 많이 하지만 결혼도 나의 많은 것 중의 하나 또는 부분이라고는 말하지 않는다. 그러나 결혼도 나의 많은 것 중에 한 부분이다. 결혼 자체는 내 인생의 여러 부분의 한 부분이라고 밸런싱을 해야 한다. 처음에는 적은 부분이지만 나중에 점점 부분이 커지는 쪽으로 만들어야 한다.

5장 청춘의 값

매일 매초 돈, 돈, 돈 하며 살아야 한다는 이야기가 아니다. 내 힘으로 노력해서 돈을 벌기 시작하면 삶이 변한다. 세상에 공짜는 없다는 자세와 실천이 인생을 성공으로 이끌어준다는 것을 명심하라는 것이다. 돈은 나무에서 자라지 않는다. 지금 아무 일도 안 하고 있으면, 앞으로 아무것도 이룰 수가 없다. 바로 지금, 여기서, 내가 할 수 있는 일을 찾는 것이 부자가 되는 첫걸음이다.

성인 인증은 경제 독립이다

'독립'이라는 말 자체에 집중해보자. 20대가 되면 누구나 독립을 꿈꾼다. 스무 살의 성인 인증이라는 것 자체가 바로 독립에서 시작된다. 20대의 시작, 보통 대학 진학을 할 때 부모는 자녀를 자의든 타의든 자율적인 환경에 놓아주게 된다. 자녀 자신도 돌연 이전과는 다른 굉장히 자율적인 환경에 놓이게 되면서 마치 자신이 독립한 상황이라고 착각하게 된다. 그것은 말 그대로 착각에 불과하다.

완전하고 진정한 독립은 경제 독립으로부터 시작된다. 나 스스로 온전히 부모의 집을 떠나서 생활해보고 자기만의 가계를 운용해보는 것과 한집에 살면서 부모님의 잔소리나 통제권을 벗어나는 것으로 독립했다고 여기는 것은 다르다. 우리나라의 거의 모든 사람이 결혼 전까지 부모와 함께 사는 편이다. 아무리 주택 문제, 생활비 문제 등 사회적인 상황이 호락호락하게 독립을 할 수 없게 만드는 상황이라 해도 무조건 어느 정도 일정 시기가 지나면 부모로부터 떠나야 한다.

그렇다면 스무 살에 할 수 있는 경제 독립에는 무엇이 있을까? 일단 자기 스스로 할 수 있는 것부터 시작하라. 예를 들어 용돈을 받고 있었다면 용돈 받는 일을 멈추겠다는 다짐부터 시작한다. 규모를 정할 수 없이 들쑥날쑥한 용돈을 스스로 벌어야겠다는 것부터 실행하는 것이다. 자신의 모든 생활비를 책임질 수 없다면 정확하게 어느 정도라도 담당하고 책임지겠다는 목표를 정하는 게 좋다.

등록금의 어느 정도는 담당하겠다거나 장학금을 받겠다는 노력을 기울이는 것도 좋다. 장학금을 받아 학교에 다니려는 목표를 세우고 혹여 그것이 불가능할 때만 등록금을 받겠다는 다짐과 실천도 괜찮다. 내가 현재 할 수 있는 정도라도 정확히 정해야 한다. 적은 부분부터 경제 독립을 준비해 나가야 나중에 온전한 독립이 가능하다.

독립에는 물리적인 독립과 정서적인 독립이 있다. 20대의 물리적인 독립이 경제를 어떻게라도 책임지는 것이라면 정서적인 독립은 본인에게 닥친 모든 문제를 스스로 방법을 찾고 해결해 나가는 것이다. 학습이 필요하다. 스무 살 이전에는 행동반경이 부모의 통제권 아래 있었기 때문에 자기도 모르는 사이에 정서적으로 많이 의존하게 된다. 20대가 되면 아직 미숙한 정서적 독립 상태에서 벗어나기 위해 여러 가지 도움도 받아야 한다. 책을 읽을 수도 있고 멘토의 충고를 받을 수도 있다. 물론 부모의 도움을 받을 수도 있고 친구의 도움을 받을 수도 있다. 다방면의 길을 찾아 나가라.

독립이란 결정적으로 문제 해결능력을 스스로 갖추는 것이다. 세상을 살면서 문제 해결능력은 굉장히 중요하다. 일을 잘하는 사람과 못하는 사람의 차이는 문제에 부딪혔을 때 어떤 식으로 해결하는가다. 문제 해결능력은 어느 날 갑자기 갖춰지지는 않는다. 스무 살부터 준비해야 한다. 그것이 안 되는 사람들은 문제가 생길 때마다 부모에게 물어보기를 거듭한다. 나 스스로 문제 해결에 대한 결단을 내리고 행동해야 한다.

독립 나이와 상황의 기준은 가족관계에도 영향을 끼친다. 미국이나 유럽 사람들은 우리와 달리 일찍 독립하는 편이다. 그들은 자녀가 하는 어떤 선택이든 그것이 마음에 들지 않더라도 일단 독립한 개인으로 믿어준다. 그러다 보니 가족 행사나 일이 있을 때는 기쁜 마음으로 만날 수 있게 된다. 각 개인이 독립한 상태에서 선택한 삶이기 때문에 어떤 문제에 닿아 있어도 비난을 한다거나 책임을 전가하지 않고 만날 수 있다. 우리나라 같은 경우는 각 개인이 독립되어 있지 않기 때문에 원활하지 않다. 부모는 자녀가 독립을 원한다고 해도 이렇게 말한다.

"너 지금 독립해봤자 그게 무슨 도움이 되겠니?"

"혼자 생활을 할 수도 없고 돈을 모을 수도 없을 거다."

"그냥 내 밑에서 살다가 돈을 모아서 결혼하면 나가라."

그러니 용감하게 독립을 하기도 어렵다. 20대 젊은이들이 묻는다. "금전적인 손해를 보더라도 굳이 독립해야 하나?"라고. 그런 일련의 귀찮음과 손해 보는 과정을 거치더라도 무조건 독립을 해야 한다고 말하고 싶다. 부모가 뭐라고 하고 금전적인 손해를 보더라도 그것을 기회비용이라 생각하고 스무 살이면 독립을 해야 한다.

가끔 학교나 직장 때문에 지방에서 올라와 부모와 떨어져 생활하는 친구들을 보라. 그들은 부모와 같이 사는 친구들과 어딘가 다르다. 어쩔 수 없이 타의에 의해 독립을 했다 하더라도 혼자 생활해본 경험이 있기 때문에 용돈을 운용하는 법이나 생활의 기술 면에서 다를 수밖에 없다. 세상을 보는 눈이 달라질 수밖에 없다.

'생활'이란 다른 것이다. 내가 벌어서 내 돈으로 생활비를 쓴다고 하더라도 부모와 살면서 독립을 하지 않으면 다르다. 내가 직접 돈을 벌어서 장을 보고 음식을 만들고 청소하면서 살아봐야 한다. 사람이 산다는 일에는 별일이 다 일어난다. 혼자 산다면 겪는 황당한 일들을 오롯이 겪어야 한다. 세금을 제때 내야 하고, 불시에 터지는 수도관을 고쳐야 하고, 고쳐야 하는 시간에 집에 가서 수리 기사를 만나야 한다. 그 모든 생활의 일들에 대해 천천히 학습을 해봐야 한다. 문제 해결능력을 키워야 한다.

독립이 가족관계에 영향을 끼친다는 면을 또한 생각해보자. 대부분의 가족관계를 지켜보면 문제가 많다. 결혼하기 전까지 잘 살펴보면 가족 문제의 대부분은 가족 구성원이 독립적이지 못해서 생긴다.

한 사람이 불편한 일을 겪고 있다는 것을 알게 된다. 그 사람에게 도움을 줘야 할 것 같은 마음이 일어난다. 마음이 불편해진다. 왜? 가족이니까. 누구든지 불편함을 피하고 싶어 한다. 불편함을 피하고자 가족과 계속 좋은 관계를 유지하기보다 피하고 싶은 대상이 되어 나의 결혼관에도 좋지 않은 영향을 끼치게 된다.

이 모든 문제의 기원은 각각의 사람들이 독립하지 못해서다. 우리는 모든 가족 문제를 내 문제로 받아들인다. 20대가 되면 모두 가족으로부터 탈출하고 싶어 한다. 10대는 어쩔 수 없이 감춰져 있는 문제들이 20대가 되면 모두 내게로 가까이 다가온다. 단지 성인이 되었다는 이유만으로.

가족 구성원으로서 모든 경제활동을 공유하고 있을 때 생기는 문제점이 이런 것이다. 최근 들어 주택 가격이 폭락하면서 생겨나기 시작했다. 예를 들어 부모가 5억 원짜리 집을 샀다. 2억 5,000만 원짜리 집에 살고 있다가 2억 5,000만 원을 대출받은 것이다. 그런데 집값이 3억 원으로 떨어졌다. 그 즉시 2억 5,000만 원이 빚이 되었다. 갚을 길이 없다. 집을 팔고 나면 거주할 집이 없고 계속 살고 있으면 대출이자를 감당하기 어렵다. 부모는 계약직으로 취직한 딸에게 사채를 빌리자고 제안한다.

과연 어떻게 해야 할까? 그러나 계약직의 월급이 얼마나 되겠는가. 그것을 담보로 사채를 빌리면 5,000만 원을 어떻게 갚겠는가. 그 상황에서 딸은 어떻게 할 것인가. 가족의 경제활동에 깊이 개입하지 못한 채 살아왔다면 대부분 부모의 결정을 순순히 따를 것이다. 대부분은 나중에 부모가 책임져줄 것이라는 막연한 기대를 하고. 모두 개인의 선택이 있을 것이다.

그런데 조금만 생각해서 잘 계산해보면 그 돈은 갚을 수 없는 돈이다. 이리저리 아무리 생각해봤자 그 집은 어차피 날려버리게 되어 있다. 그 상태에서 딸의 이름으로 5,000만 원의 빚을 지면 안 되는 일이다. 그냥 집을 팔고 규모에 맞게 삶의 규모를 줄이고 각자의 갈 길로 가는 것이 현명한 것이다. 서로에게 가족 구성원의 역할을 한다고 무리하면서 모두 자멸할 필요는 없다. 이런 극단적인 예까지 드는 이유는 한 번도 우리는 집안의 경제 주체로서 닥치는 문제에 대해 생각해보지 않았을 것이기 때문이다. 부모의 그늘이 아니면 당장 살 집도 한 끼 식사도 해결할 수 없다면 깨어나야 한다. 성인이 될 준비를 지금 당장부터라도 해야 한다.

자식들의 의식 변화와 함께 그리고 부모도 바뀌어야 한다. 자녀가 결혼 전까지는 함께 살아야 한다고 생각하면 안 된다. 가족 구성원 중 누구라도 20대가 되면 독립해서 나가야 한다. 학교에 다니면 다니는 대로 직장을 다니면 다니는 대로 점점 독립과는 거리가 멀어져가는 삶을 살 수 있다. 경제활동을 하더라도 부모 집을 나가면 살 곳이 없다. 독립에 대한 아무런 준비가 없다는 것이다.

직장 몇 년 다녀 돈을 번다고 목돈이 생기는가. 회사에서 대출받으면 그 대출은 언제 갚을 것인가. 자금의 악순환이 되풀이되다가 감당할 수가 없게 될 수도 있다. 소득보다 오르는 물가를 감당할 수도 없다. 그렇다고 계속 부모에게 의존적으로 살 수는 없다. 어느 날 갑자기 생활을 규모 있게 운용할 방법이 생기지는 않는다. 그러니 스무 살 때부터 규모에 맞는, 상황에 맞는 삶의 방법을 연습해야 한다. 대출을 받아서도 아니고 부모가 준비해주는 것도 아닌 오로지 진정으로 혼자서 하는 독립을 해야 한다. 아무리 어려워도 내가 능력이 될 때까지 그 능력을 기르고 준비해서 차근차근 독립하는 사람이 되어야 한다.

경제지도 그리기

지금 30~40대 직장인들은 20대에 어떤 꿈을 꾸었던 것일까? 성공하기 위해 열심히 노력하면 돈이 자연히 따라온다는 말이 있다. 맞을 수도 있고 아닐 수도 있다. 무조건 열심히 한다고 성공이나 돈이 따라오지는 않는다. 돈에 대한 가치관 자체를 바꿔야 한다. 조직적인 마인드를 가져야 한다. 맵핑 다이어리에 쓴 꿈과 목표와 직업관은 돈과 별개의 문제다. 돈에 대한 맵핑은 따로 해야 한다. 스무 살에 경제독립선언을 하면서부터 경제지도를 그려야 한다.

결혼 전에는 각자의 스타일로 경제 맵핑을 했고 결혼하고 나서는 함께 경제 맵핑을 시작했다. 인생지도에서 꿈, 목표, 직업관을 그렸던 것처럼 경제지도에도 단기, 중기, 장기 맵핑을 시작했다. 언제까지 얼마를 만들겠다는 구체적인 금액을 제시하고 정하는 것은 자기 암시적인 역할을 한다. 사실 어떤 사람이 평생 200억을 만들 거라고 했다고 치자. 도저히 만들 수 없는 큰돈일 수 있다. 그러나 그 액수를 계속 생각하는 순간 무척 친숙하게 여겨지게 될 것이다.

돈 액수를 생각할 때 보통 사람들은 나와 상관없는 돈 액수를 별로 생각하지 않는다. 예를 들어 5억 원짜리 집을 산다고 하자. 5억 원짜리를 큰 목표로 생각해서 투자할 수도 있고 저금을 할 수도 있다. 그러나 몇백억은 아예 상상조차 하지 않는다. 자기 인생의 돈 목표에 대해서는 누구도 자신이 있을 수 없다. 모두 그런 큰돈을 모을 자신은 없을 수도 있다. 그러나 구체적인 금액을 제시하는 순간 내 안으로 아주 친숙하게 들어올 수 있다는 것을 믿어야 한다.

언젠가 내가 투자한 벤처 회사의 CEO가 "나는 2조가 목표입니다."라고 늘 말하고 다녔다. 회사의 크기가 그다지 큰 편이 아닌데도 항상 그런 꿈을 꾸는 것을 보면서 언젠가 성공할 것이라는 믿음이 생겼다. 물론 안 될 수도 있지만 그것을 목표로 정하는 순간 그가 거기까지 갈 수 있도록 엄청난 노력을 하고 있을 것이라는 사실을 믿는다. 2조라는 액수를 세팅하는 순간 회사의 비전이 그 액수로 세팅될 것으로 생각한다.

회사가 그러듯이 개인도 그렇게 해야 한다. 우리는 매번 구체적인 액수를 정하면서 경제지도를 그린다. 하나에서 둘이 아니라 둘 셋이 모여 다섯 열 개의 계획이 되고 스무 개의 목표와 돈이 된다.

구체적인 액수를 정하라. 물론 처음에는 목표에 도달할 수 있는 현실적인 금액을 정하는 게 좋다. 지금의 소득에서 절대 멈추지 말아야 한다는 다짐을 하라. 그리고 그것이 전부일 것으로 생각하지 마라. 열심히 하겠다는 의욕도 상실되고 기분도 안 나는 것은 물론 그것이 전부라면 그 상태로밖에 살 수 없다는 이야기 아닌가. 물론 과도하게 목표를 세우는 사람도 있다. 그렇지만 그렇게 한 후 목표로 가기 위해 많은 부분에서 엄청난 노력과 피나는 자기계발을 하는 것이다. 경제규모를 더 올리기 위해 소득을 더 늘리는 방법을 고민하고 투자 방법도 세운다.

경제지도를 그리고 실행하기 위해 많은 생각을 해야 하고 많은 노력을 기울여야 하는데도 20대는 그렇게 하지 않고 어디선가 취해 있거나 클럽을 전전하고 있을 수도 있다. 만약 경제 맵핑을 한다고 해도 결혼자금, 유학자금 정도를 목표로 할 것이다. 이런 정도는 탑다운 방식으로 하는데 전체 맵핑 다이어리에서 볼 때 '꿈'에 해당하는 게 아니다. 그저 단편적인 '직업'에 속한다. 결혼자금, 유학자금 정도의 저금을 하면서 경제 맵핑을 하는 것은 장기적으로 본 것이 아니다. 20대들을 인터뷰해보니 20대에 장기 목표를 세운 사람이 별로 없었다. 20세가 되는 순간 경제 맵핑을 시작해야 한다.

　나는 초등학교 2학년 때부터 세뱃돈과 용돈 그리고 아르바이트해서 버는 돈을 모으기 시작했다. 열 살 때부터 시작해서 10년 정도 지난 후에 1,000만 원 정도를 모았다. 1980년대 중반이었으니 굉장히 큰 액수였다. 그렇게 쉬운 일은 아니었지만 항상 독립을 꿈꾸었기 때문에 가능했다. 그 뒤로 10년 단위로 저축을 하면서 더욱더 금융권 투자에 대해 눈을 뜨게 되었다. 시작은 미미했지만 그때부터 나의 경제지도는 이미 그려지기 시작했다.

　경제 맵핑의 중간 단계쯤 되면 10년 단위의 계획을 세워라. 라이프 사이클의 변화가 10년 정도를 경계로 바뀐다. 요즘은 더 빨리 바뀌지만. 20대에 경제 맵핑을 시작하고 30대에 결혼을 하고 40대쯤 학부모가 되고 50대쯤 아이들이 대학을 간다.

　10년 단위 맵핑을 하라. 10대, 20대, 30대, 40대, 50대로 맵핑을 한 다음 세부 계획으로 3년 단위의 맵핑을 하는 것도 좋다. 적금도 3년짜리가 많은데 3년이란 기간은 사람들에게 꽤 의미가 있는 숫자다. 3년은 사람이 뭔가 목표를 정하고 참을 수 있는 기간, 긴 시간의 중간을 끊어주는 기간이며 마음의 임팩트를 유지할 수 있는 기간이다. 3년 기간으로 맵핑을 하면 대학 3년, 졸업하고 3년, 30대 되기 전에 3년 기간을 끊어줄 수 있다. 이 맵핑은 끝없이 발전할 수 있다.

돈에 대해서 배워야 하는 루트가 있다. 학생이나 직장인이나 돈에 대해 배운 적 있느냐고 물어보면 배운 적이 없다고 한다. 대부분은 처음 직장에 가서 나보다 연차가 높은 결혼한 회사 선배들에게서 처음으로 조금 배우기 시작한다. 정식으로 배우는 것도 아니다. 점심자리나 회식자리에서 조금씩 귀동냥으로 들을 뿐이다. 그전엔 돈에 대한 지식이 없다. 어차피 돈을 벌지 않기 때문에 학습할 필요가 없다고 생각했기 때문일 수도 있다.

골프에 이미지 스윙이라는 게 있다. 내일 필드에 나갈 계획이 있다면 잠자기 전에 '내일 필드에서 이렇게 스윙을 해야지.'라고 생각하면서 이미지를 떠올리면서 스윙 연습을 하는 것이다. 이미지 스윙을 한 사람과 안 한 사람은 놀랍게도 정말 필드에 나가 골프를 칠 때 아주 다른 결과를 낸다. 이미지 스윙을 한 사람들이 좋은 결과를 낼 확률이 높다는 것이다. 경제도 그렇다. 내가 돈이 얼마만큼 있는데 어떻게 운용하리라는 것을 상상에서라도 계속 생각해봐야 한다. 이미지 투자라고나 할까. 끊임없이 생각해야 한다. 막상 실제 상황이 왔을 때 한 번도 해보지 않은 사람과는 차이가 크게 날 것이다.

20대에는 경제 맵핑을 해본 경험이 별로 없을 것이다. 한두 명 특별히 경제 맵핑을 하는 친구들이 있다면 부모가 집에서 철저하게 그렇게 하는 경우를 보았던 경우일 것이다. 그러나 부모가 안

해준다면? 못해준다면? 스스로 배워서 해야 한다. 20대에는 경제관에 대한 학습을 끊임없이 하면서 이미지 스윙을 하듯이 계속 내 머릿속에서 돈에 관한 관심을 돌려봐야 한다.

텔레비전을 보거나 게임을 하면 도파민이 엄청나게 나온다. 도파민은 동물에 존재하는 아민amine의 하나로 머릿골 신경세포의 흥분 전달에 중요한 구실을 한다. 도파민은 사람이 쾌감을 느낄 때 분비된다. 사람마다 쾌감을 받는 곳은 모두 다르다. 도파민이 나오게 하려면 쾌감의 지점을 알면서 내 뇌가 반응해야 한다. 내가 과연 한 번도 해보지 않은 것에 반응할까? 한 번도 쾌감을 느껴보지 않은 일에도 반응을 보일까? 도파민을 나오게 하는 것도 학습이다.

내가 그것을 한번 해봤는데 정말 큰 쾌감을 느꼈다는 기억이 있으면 가능하다. 처음에는 이미지로 그려보고 나중에 실제로 했을 때도 쾌감을 느꼈다면? 그렇다면 세 번째 네 번째에는 계속해서 끊임없는 쾌감을 느끼게 되는 것이다. 내가 실제로 나 스스로 경제 독립에 성공했을 때 찾아오는 쾌감을 즐겨야 한다. 그동안 무작정 '소비'에 집중되어 있던 쾌감이 '얻어지는 것'에 대한 쾌감으로 '소득'에 대한 것으로 바뀔 수 있다. 쾌감의 긍정적인 전환이 시작되는 것이다.

경제관의 기초를 세워라

20대 때는 돈이 흐른다고 생각한다. 나한테 와서 멈추지 않고 나와 같이 흐른다고 생각한다. 그러면서 30~40대가 되고 나에게 커리어가 생기고 많은 돈을 벌면 그때는 돈이 내게 와서 멈출 거로 생각한다. 그러나 절대 그렇지 않다. 그렇게 살다가 30~40대가 되면 놀라게 된다.

'왜 그동안 나에게 돈이 한 번도 멈추지 않았지?'라고 불현듯 생각해보지만 그 까닭은 젊을 때 돈이 중요한 것이라고 한 번도 생각하지 않았기 때문이다. 20대에도 돈은 흐르는 것이 아니라 머무는 것이다. 경제는 습관이다. 20대에 돈이 나에게 멈추지 않으면 30대, 40대에도 돈은 찾아오지도 머물지도 않는다.

20대에 돈을 남겨야 한다고 생각하는 사람은 없다. 벌면 버는 대로 소비해버리면 되는 돈이라고 생각한다. 부모에게 의존한 상태이면서도 소비는 계속된다. 돈이 많은 사람은 적은 돈을 우습게 여기지 않는다. 그 적은 돈이 모여 큰 돈이 된다는 것을 알기 때문이다. 그러나 20대 때는 거기까지 도달하지 않았기 때문에, 많이 벌어본 적이 없고 벌 수 있는 돈의 한계가 있었기 때문에 돈의 가치를 잘 모른다. 20대의 대부분은 '나중에 내가 더 많이 벌게 되면'이라는 말을 항상 내뱉으며 산다. 그래서 돈을 소비하는 데 시간을 많이 쓴다. 소득으로 바꾸는 데 시간을 쓰지 않는다.

직업관을 갖는 것에는 첫 출발이 중요하다. 스무 살이 되면 아르바이트라도 해보겠다는 생각은 누구나 한다. 부모가 부유하든 가난하든 내 시간을 들여서 소득을 올려보겠다는 열망이 생긴다. 스무 살부터 일할 수 있는 큰 특권이 생긴 것이다. 정규 직업을 갖기 전까지 여러 가지 일들을 해본다.

사람이 돈을 받는 것에 대해서 어느 정도의 태도를 보여야 한다. 그런데 아르바이트하거나 단기적 일을 할 때 보면 그것이 직업이 아니라고 생각해서 그런지 그런 태도가 거의 없다. 정규 직업이 아니고 경력을 쌓는 게 아니라고 생각해서 일 자체를 하찮게 본다.

시급 5,000원이나 시급 5만 원이나 사실은 똑같은 태도를 보여야 한다. 돈 액수의 문제가 아니라 일을 대하는 그 사람의 성실함과 사람들에게 주는 신뢰가 나중에 자라서 재산이 된다는 것을 알아야 한다. 일한 대가의 액수가 커질수록 내 역할이 큰 경우에만 신중한 태도를 보인다면 큰 사람이 될 수 없다. 20대는 돈의 액수 자체에 대한 문제도 있지만 일 자체에 대한 절실함도 있어야 한다는 것이 포인트다.

과외나 레슨 같은 고소득 직종의 일을 하는 친구들이 있기도 하고 시급 5,000원 정도의 아르바이트를 하는 친구들이 있기도 한다. 어떤 경제활동을 하든 액수는 그다지 중요하지 않다. 돈이 중요한 것이 아니라 아르바이트에 임하는 사람의 태도 자체가 중요하다. 이때 일해본 경험이 직업관에 영향을 끼치게 된다.

시급 5,000원을 받는 현재의 내가 10년 후에 가치를 어떻게 올릴 수 있는가에 대해 중점적으로 생각해야 한다. 지금 5,000원짜리 시급 일을 하지만 나중에 몸값을 올릴 수 있는 일을 하는 사람으로의 발전 가능성을 꿈꿀 수 있어야 한다. 시급 5,000원을 벌더라도 지금 하는 그 일이 절박하다면 다르게 성장할 것이다.

나는 시장에서 정한 일한 가격에 대해, 한 개인이 받는 소득의 가치에 대해 현실적으로 생각을 많이 해본 사람이다. 대부분 사람은 자기 자신에게 꽤 후한 평가를 한다. 돈 액수를 보면서 만족스럽지 못하면 '내가 이 정도밖에 안 되나?' 쪽으로 생각한다.

모든 경제활동에는 대가를 지불받게 되어 있다. 행여 본업이 아니더라도 모든 일에 임할 때는 절실해야 한다.

사람의 가치는 시간 혹은 일의 경중에 따라 다르다. 대학 때는 시간 단위의 가치에 익숙해 있다. 나도 시급 단위의 일을 해본 적이 있다. 다만 나는 시급의 일이 본업으로 전환되도록 노력을 기울였다. 반면 아직도 대학 졸업 후 시급 단위의 가치와 계산에서 허덕이고 있다면 진지하게 생각해봐야 할 일이다.

직장 일은 조금 다른 경우이지만 모든 일은 어쨌든 내가 쏟아부은 시간에 대한 인풋 대비 아웃풋이다. 내가 그 사람에게 받은 가치로써 판단되기도 한다. 그때 내가 과연 어떤 태도를 보여야 할 것인지 생각해야 한다. 아직 20대는 거기까지 깊이 생각하지 않겠지만 준비하는 시간으로 써야 한다. 직장생활은 일의 경중에 따라 평가된다. 어떤 책임을 주는지, 어떤 희생을 하는지에 따라 나의 값이 매겨지는 것이다. 나의 가치가 창출되는 것이다.

20대에 적게 버는 것은 당연하다? 아니다. 돈을 버는 것에는 나이가 문제가 아니다. 지금 소득이 높지 않다는 것을 당연하다고 치부해서는 안 된다. 막연하게 어느 미래 시간부터 경제활동이 잘 되리라는 헛된 믿음은 버려라.

집안 경제 규모를 파악하라

자녀에게 경제관념을 심어주는 교육 중에서 부모들이 제일 잘 못하는 것이 있다. 일정한 시간 동안 쓸 수 있는 일정한 액수의 용돈을 주는 게 경제관념을 심어주는 데 효율적일 것이라고 믿는 것이다. 부모들이 빠지는 함정이다. 그중에서도 제일 좋지 않은 것은 일정한 돈을 아침에 나갈 때 쥐여주고, 다음날 다시 또 일정한 돈을 주는 방법이다. 매일 용돈을 받는 그 사람은 그 돈을 넘어선 어떤 경제적 규모를 생각할 수가 없다. 경제관념을 아예 키울 수도 없다.

어떤 사람이 20대 때 만 원 이상의 액수를 단 한 번도 생각해본 적이 없다고 한다. 엄마가 매번 아침에 딱 만 원씩 손에 쥐여주었기 때문이다. 만 원으로 그냥 하루만 살면 되었다. 취업한 후에도 월급은 엄마에게 모두 주고 다시 만 원씩을 받았다. 그러던 그가 결혼했다. 월급은 다시 아내에게 모두 주고 아내에게 다시 하루 만 원을 받았다. 그는 제대로 된 경제관념을 가져본 적이 없다. 아니 키울 기회도 필요도 없었다. 월급을 받는 것 외의 경제활동이란 것을 한 적도 없다. 그저 정해준 돈을 받아서 소비하면 끝이었다. 아무것도 생각할 필요가 없었다.

경제활동이라는 것은 아주 많은 것을 사고하고 판단해야 한다. 소득이 있다는 것으로만 경제활동을 하는 것이 아니다. 일해서 일정 규모의 돈을 벌고 소비하고 투자하고 저축하고 관리하는 모든 것이 경제활동에 포함된다. 버는 것도 중요하지만, 관리하고 재생산해내는 것이 더 중요하다.

그는 서른 중후반이 될 때까지 경제활동에 대해서 생각해본 적이 없다. 엄마가, 또는 아내가, 다른 사람이 경제활동을 대신 해주었기 때문이다. 본인이 스스로 경제관념을 가지는 데는 엄마나 아내가 악영향을 미친 것이다. 경제활동을 하는 것은 아주 많은 의미가 있다. 그냥 돈을 버는 것만이, 직장을 갖는 것만이, 월급을 받는 것만이 경제활동이 아니다.

대부분 20대는 직장을 가지고 돈을 벌면 경제활동의 모든 것을 다 했다고 생각한다. 절대 그러지 않다. 돈은 흐르고 돌고 돌아다니는 것이다. 그래서 경제활동의 요소요소를 모두 직접 개입해서 결정할 수 있고 관리할 수 있어야만 진정한 경제활동에 참여하는 것이다.

20대인데 매일 용돈을 받거나 단기간에 돈을 받아 쓰는 것에 익숙해 있다면 생각을 다시 해봐야 한다. 내가 과연 경제활동을 제대로 하는 것인지에 대해서. 스무 살 때부터 조금 더 규모를 갖고 경제활동을 할 수 있도록 부모가 도와줘야 한다. 또 스무 살이 되면 학습을 시작해봐야 한다.

내가 꼭 한번 시도해보고 싶은 자녀 교육 중의 하나가 고등학교 때 대학 4년 등록금과 생활비를 주면서 독립시키는 것이다. 아이에게 그 등록금이 본인 인생의 시간과 맞바꾸는 돈이라는 것을 인식시켜주면서 대학 진학도 선택하게 하고 싶다. 아이가 혹시 대학 진학을 미루고 부모에게서 받은 등록금을 가지고 다른 경제활동을 하겠다고 하더라도 그의 손을 들어주는 부모가 되고 싶다.

나 또한 끊임없이 20대 때 공부 이외의 경제활동에 대한 왕성한 호기심을 보이며 이리저리 들쑤시고 다녔다. 강력한 부모님의 제재가 사실은 내 성장의 걸림돌이 됐다는 것을 많은 시간이 흐른 뒤에야 깨닫게 되었다. 그래서인지 내 아이는 자유롭게 독립시키고 싶다. 그리고 모든 부모에게 그런 것들을 권하고 싶다.

그러고 나서는 스무 살이 되면 가정의 경제활동에 대해서도 개입을 해야 한다. 내가 소득의 주체가 아니더라도 소득원인 부모의 경제상황과 운영에 대해서 내가 직간접적으로 관련해야 한다. 우리 아버지가 자영업자인지, 회사원인지에 따라 내가 처한 상황이 많이 달라지기 때문이다. 현금 영수증, 연말 정산 등은 20대들에게 관심이 없다. 난 소득원이 아니니까 민감하게 이런 것들을 체크해야 한다고 생각하지 않는다. 그러나 내가 그런 집에서 부모에게 그런 교육을 받았다면 다르다. 회사에 가서도 자연스럽게 할 수 있다. 소득에 관심을 두면 가계의 채무에 관해서도 관심이 생긴다.

당연히 가족의 채무에 관해서도 관심을 둬라. 만약 당신이 가족의 경제를 지원해야 한다면, 일정한 한계를 그어보는 것도 방법이다. 무한정 가족의 채무를 끌어안고 가지 말고 일정 기간만 돕는 것이다. 동시에 다른 가족들의 경제활동도 함께 준비하고 시작되어야 한다. 가족 구성원이 함께 경제활동을 할 수 있게끔 독려하고 공유해야 한다. 일방적으로 누구 한 사람에게 의존해서 가족 경제가 이끌려가는 것은 서로에게 피로감을 준다. 다른 가족들의 공감과 현실 자각이 아주 중요하다.

작년에 미국에 잠시 머물면서 일곱 살짜리 아들에게 생산적인 경제활동에 대해 계속 교육했다. 미국에 곳곳에 있는 리사이클센터에서 여름 동안 먹은 음료수 빈 병과 캔을 가지고 가서 돈으로 바꾸어 오는 일을 맡겼던 적이 있다. 빈 병을 구분해서 하나씩 기계에 넣는 일은 사실 생각만큼 쉬운 일은 아니었다. 더군다나 우리 집에 쌓여 있던 빈 병의 양이 여간 많지 않았다. 아들과 내가 2시간을 훌쩍 넘기며 일을 하고 나서야 끝이 났고 그렇게 번 돈이 18달러 95센트. 나는 그 돈의 절반을 아들의 손에 쥐여주고는 말했다. 당연히 나와 공동으로 노동했으니 절반만 받는 게 당연하다고.

아들이 학교에서 1달러 넣고 뽑아먹는 자판기에 쓸 용돈을 계속 요구해왔다. 나는 이렇게 말했다. "이제 네 힘으로 돈을 벌었으니 그 돈으로 음료수를 자판기에서 뽑아 먹어도 돼." 냉큼 달려가서 음료수를 뽑으려던 아이가 갑자기 멈칫하더니 계산을 하기 시작했다. 그러고는 그 돈을 쓰는 게 아까웠는지 생각 좀 더 해봐야겠다는 것이다. 음료수 구매를 포기하고 냉장고에서 물을 찾아 마셨다. 아이도 돈 벌기가 어렵다는 것을 조금은 알았을까? 이런 경험이 하나 둘 쌓이다 보면 노동의 소중함, 돈의 귀중함을 알 수 있을 것이다.

보통 부모들이 집안의 경제상황에 대해서 자녀에게 공유하는 것이 몇 살 때부터일까. 자녀가 돈을 벌기 시작할 때 정도일까. 돈이 필요하다고 이야기하는 아이에게 돈이 없어서 못 주게 될 때일까. 아이들이 어릴 때는 문제를 공유해봤자 해결할 수 있는 문제가 아니라 이야기하지 않을 것이다. 그러나 대학생이 되어도 부모들은 자녀에게 집의 경제상황에 관해서 이야기하지 않는다. 시시

콜콜 말하기 싫어한다. 재산이 많으면 많은 대로, 적으면 적은 대로 가정마다 이유는 있을 것이다. 그래서 아이들은 경제활동에서 멀리 떨어져 있다.

어느 날 미국의 학교 운동장에서 만난 초등학교 3학년과의 에피소드를 얘기하고자 한다. 이 아이를 만난 곳은 수업료가 비싼 사립초등학교였다. 운동장에서 놀던 초등학교 3학년 아이와 말을 나눌 기회가 있었다. "너 여기 학교 다니니?" 학생이 대답했다. "네, 지금은 이 학교에 다니는데요. 저희 집이 어려워져서 다음 학기에는 옆의 공립학교로 옮겨야 한다고 엄마가 말했어요."

나는 깜짝 놀랐다. 우리나라 아이들 같으면 이런 얘기를 낯선 사람과 거리낌 없이 하지 않을 것이다. 부모가 아이에게 학교를 옮겨야 하는 이유를 설명해주지도 않았을 것이다. 그게 아이의 기를 죽인다는 이유로. 어떻게 그 나이에 그런 이야기를 모르는 사람에게 이야기할 수 있을까? 그 부모가 궁금했다. 이 아이의 부모는 아이에게 어떻게 설명했을까? 아이는 어떻게 이 상황을 자연스럽게 받아들일 수 있었을까?

부모가 아이에게 경제상황을 알려주는 것은 중요하다고 생각한다. 상처받을까 두려워서 말을 하지 않지만, 어찌되었든 상황을 알게 될 것이고 상황을 아는 것은 아이에게도 중요하다. 사람의 상황과 경제상황은 언제든지 좋아질 수도, 나빠질 수도 있다는 것을 일찍 깨우쳐야 하기 때문이다. 보통 아이들은 부모의 현재의 경제상황이 좋지 않을 때 부끄러워하고 감추기에 급급하다. 사실 아이로서는 부모의 경제상황에 대해 자기가 부끄러워할 필요는 없는 일인데도 말이다.

또 어떤 영화에서 보았던 내용인데 한 여대생이 풍족하게 살다가 대학을 졸업할 때쯤 집안의 가세가 기울었다. 여자는 곤궁한 형편을 말하기가 어려워 몰래 과외를 해서 돈을 벌어 모두 친구들과 유흥비로 쓴다. 예전 소비습관에 맞추면서 친구들에게 자기 상황을 알리기 싫어서다. 이것은 20대의 성인이 할 올바른 행동이 아니다. 얼마나 미성숙한가.

부모의 경제상황과 자신의 현재를 드러내는 것은 부끄러워할 일은 아니다. 그 상황에 대해서 왜 부끄러워해야 할까. 30~40대가 되면 자신의 경제상황에 대해 무조건 부끄러워하거나 감추지 않는다. 왜? 일을 해보고 살아가다 보니 돈을 번다는 것이 쉬운 일이 아니라는 것을 알았으니까. 그때는 몰랐던 것이다. 부모의 일이었기 때문에 쉬워 보였던 것이다. 현재의 가난을 부끄러워하지 말고 미래의 가난을 두려워해라.

경제 멘토를 두어라

　사람은 노는 물이 좋아야 한다. 내 주위 사람들이 어떤 사고를 하느냐가 많은 영향을 끼친다. 부모님께서 경제관을 갖는데 도움을 줄 수 있는 사람이라면 행운이다. 보통 부모는 자식에게 올바른 경제관을 가르치기보다는 전문직에 종사해서 일정한 소득만 창출하기를 바란다. 돈을 벌어서 어떻게 투자를 해야 한다고 가르치기보다는 무조건 전문 직종, 안정적인 직업을 갖는 것을 원한다.

　그렇다면 안정이 뭘까? 누가 만든 안정일까? 모든 일은 불안정하다. 항상 모든 일에는 위험이 도사리고 있다. 특히 경제문제는 더더욱 그렇다. 주변 가까이에 경제문제를 의논할 사람이 있다면 경제관을 정립하기에 큰 도움이 된다. 대부분 부모가 그 첫 조언자가 되는데 내 부모가 정말 성공적으로 경제적인 운용을 해왔는지를 정확하게 점검해봐야 한다. 부모가 돈을 많이 벌었는가가 중요한 것이 아니다. 투자와 운용을 어떻게 해왔는지를 알아야 한다. 눈을 크게 뜨고 찾아봐야 한다. 경제니 투자니 이런 부분에 일찍 관심을 끌게 되면 가끔 동년배들보다 고립됨을 느낄 수 있다.

경제적인 부분에서 의견이 맞는 사람과 서로 격려하고 학습하고 나누면 좋은데 사실 찾기가 쉽지는 않을 것이다. 그렇게 맞는 경제 토론자가 이성 친구라면 나중에 부부가 된다면 서로에게 좋은 멘토가 될 수 있다. 20대인 현재의 나에게 "너 지금 이렇게 경제적으로 관심을 두는 것은 참 좋은 거야."라고 말해주는 사람이 있다면 정말 다행이다.

경제관의 멘토는 중요하다. 보통 사람들은 직업 멘토, 인생 멘토, 연애관 등을 정립하고 도움을 주는 멘토에는 큰 비중을 두고 경제 멘토에는 관심을 기울이지 않는다. 20대가 지나고 나면 경제적인 이야기를 나눌 사람은 거의 없다. 경제관이 없는 미성숙한 두 사람이 만나 결혼을 하고 미성숙하게 경제에 대해 모르는 채로 삶을 살아가다가 자녀를 낳고 가족을 이루게 되면 가정 자체가 경제적으로 혼란에 빠질 때가 있다. 그러기 전에 미리 준비해야 한다.

결혼한 사람 중에서 20대 후반 30대 초반에 확고한 경제관을 갖고 결혼하는 이들이 매우 적다. 얼마를 벌어 약간의 목돈을 만든 다음 모두 결혼식 비용으로 소진한다. 나 또한 나를 멘토로 생각하는 사람들이 있으면 성심을 다해 멘토링을 한다. 가끔 우리 회사 직원들에게 월급을 받아서 어떻게 하는지, 저축은 어떻게 하는지, 투자는 어떻게 하는지를 묻고 경제문제에 대해 조언하곤 한다. 물어오면 성의껏 대답을 해준다. 그들은 나의 조언을 받아들이기도 한다.

경제적인 상황과 결정에 대해 의견을 묻고 조언을 해줄 사람을 주변에서 찾아라. 그런 사람이 꼭 있어야 한다. 그러나 만약 아무도 없다면 스스로 그런 사람이 되어라.

시드머니를 만들어라

　재테크를 시작하기 위해서는 목돈, 곧 시드머니가 필요하다. 시드머니는 엄청나게 중요하다. 잠깐 했던 일로 200만 원을 벌었다고 치자. 아무도 그게 종잣돈이라고 생각하지 않는다.

　일정한 수입이 끊임없이 계속되고 쓰고 남는 돈이 종잣돈이라고들 많이 생각한다. 종잣돈의 정의를 내리라면 나에게 들어온 모든 돈은 종잣돈이다. 그것은 나의 의지에 달린 일이다. 나는 돈이 들어오면 항상 '이 돈은 나가지 않는 돈이다.'라고 생각했다. 나한테 들어오는 돈은 일단 불려야 한다. 나한테 들어오는 돈이 하찮다고 생각하면 끝내 돈을 벌지 못한다.

　만일의 경우를 대비할 수 있는 것도 바로 시드머니이다. 내 꿈이나 열정은 현실적이지 않은 부분이 있다. 그것을 현실과 이어줄 수 있는 것이 바로 시드머니다. 사람들은 돈을 벌면 어떻게 잘 쓸까를 생각한다. 이 돈을 가지고 어떻게 늘릴까를 생각하지 않는다.

20대 때는 심지어 물건을 싸게 사는 것을 '나는 지금 돈을 잘 쓰고 있어.'라고 생각한다. 돈을 쓰는 것은 그냥 쓰는 것이지, 돈을 쓰는 것에 잘 쓰는 것은 없다. 항상 내가 가지고 있는 소득에 대한 재창출을 생각해야 한다.

수입이 생기면 소비를 생각하기 전에 더 나은 수입을 생각하라. 소득이 생기는 순간, 수익의 재창출을 다양화하는 것에 관심을 둬야 한다. 항상 일정 부분을 시드머니로 넣어야 한다. 100만 원을 벌면 200만 원으로 불리는 사고를 하라. 20대에 소득 재창출에 대한 경제관이 세워지지 않으면 평생 돈에 대한 생각을 정립하기는 쉽지 않다. 일반적으로 소비는 실소득 중에서 일부에 해당하는 금액을 사용한다. 하지만 나는 다르게 생각한다. 근로소득이 아닌 소득으로 소비가 이루어져야 한다. 여기에 해당하는 것이 이자소득, 배당소득, 임대소득 등이다.

시드머니를 만들 때도 장기적·중기적·단기적 플랜이 있어야 한다. 시드머니가 가져다주는 창업, 투자, 유학, 독립은 장기 목표이다. 5년 단위 정도로 계획되어야 한다. 중기 목표로는 만일의 사태를 대비하는 것이다. 2년 단위다. 단기는 하고 싶은 것을 이루고자 함에 있다. 6개월에서 1년 정도이다. 평소 돈이 없어 하지 못했던 하고 싶은 것들을 이루는 것이다. 경제활동을 잘하는 나에 대한 작은 보상 정도로 정해놓는 것이다. 나중에는 그게 무엇이 되든지 또 다른 소득의 창출로 이어지면 한 단계 업그레이드될 수 있다.

중기는 아프거나 불의의 사고나 가족에게 일어날 수 있는 일들에 대비하는 것이다. 구체적인 활용 목표지점과 금액을 설정해라. 가능한 수입원인 부모님께서 주는 용돈, 혹은 아르바이트비 등에서 쪼개어 일정 금액을 만들어라. 20세라면 대학졸업 후 부모에게서 독립을 선언하는 목표를 세운다. 우선 독립공간을 확보하기 위해 보증금을 마련한다든지 5년이라는 정기적금이라는 강제적인 규제로 본인의 소비 습관을 묶어둔다. 지속해서 적금을 붓기 위해 항상 부가적인 일자리 창출에 관심을 둔다. 이 보증금이 20대에서 만드는 첫 시드머니가 되는 것이다.

20대 때는 돈을 벌어서 재투자하는 것이 과연 청춘을 바쳐서 해야 할 일인가 싶어서 사실 허무해 보일 수 있다. 그래서 충분한 정서적인 보상이 주어져야 한다. 돈이 없어서 못했던 것들, 취미생활, 여행 등에 쓸 수 있다. 돈을 써도 아깝지 않은 것들, 하고 싶은 것들에는 소비해야 한다. 정서적으로 충족되어야 다시 재충전해서 재투자할 수 있다. 내게 충분한 보상이 되어주어야 한다. 정해진 금액만 어떻게 잘 써야 하는지에 집중해야 한다.

25세쯤엔 무조건 경제활동을 해야 한다. 지금은 취업도 힘들고 아르바이트 자리도 드물지만 말이다. "방학인데 아르바이트 안 하나요?" 물었더니 "방학 때는 취미생활도 해야 하고, 못 배운 것 배우고 해야지, 그까짓 거 몇 푼이나 번다고?"라고 말하는 사람이 있다면 과연 세월이 흐른 후에 그때와 똑같은 생각으로 살아갈 수 있을까?

종잣돈을 만드는 데 어린 나이는 없다. 액수의 문제도 아니다. 단기 아르바이트라도 좋다. 일정 기간 일정 금액을 항상 만들 수 있도록 목표를 세운다.

좋아하는 일을 찾기 위해 경제활동을 쉬면 안 된다. 예를 들어 아무런 경제활동 없이 대학원을 가는 것은 지양해야 한다. 부모님께 전적으로 의존하며 대학원을 드나들지 말고 별도의 수입원을 병행해야 한다. 대학원 졸업 후를 준비해야 한다.

개인적인 소비, 일시적인 소비는 삼가야 한다. 시드머니 비율이 높으면 고통이 뒤따를 수 있지만 시간은 단축할 수 있다. 목표에 가까워지는 것이다.

빚으로 인생을 시작하지 마라

　취업이 확정된 20대 중후반 사람들에게서 들은 이야기다. 취업이 확정되었으니 출근하기에 앞서 미리 돈을 대출받아 여행을 가는 것이 유행이라고 한다. 현금서비스를 받아서 친구나 후배에게 한턱내는 것도 다반사라고 한다.

　직장에 취직하자마자 할부로 차를 사는 행위 같은 인생의 시작을 채무로 시작하지 마라. 취업은 확정되었고 돈은 벌게 되어 있으니 남은 기간 알차게 시간을 쓴다는 것이 미리 돈을 빌려서 쓴다는 것이다. 사람들에게 돈을 빌린 적 있느냐고 물어보면 거의 모든 이들이 그런 경험이 있다고 한다. 왜, 무슨 이유로, 누구에게 돈을 빌리는 것일까.

　쇼핑하다가 맘에 드는 물건이 있으면 지금은 돈이 없지만 다음 달에 생길 것을 생각해서 친구에게 빌려서 옷이나 신발 등을 산다. 이것은 정신 나간 행동이다. 돈을 빌리지 않더라도 신용카드로 사는 것도 무이자도 아닌 할부를 사는 것도 모두 해서는 안 될 행동이다. 무이자 할부도 계속하다 보면 나의 소비 규모와 빚의 규모를 잘 파악할 수 없게 된다. 빚이라는 것은 어느 날 내가 생각지도 않은 사이 규모가 눈덩이처럼 불어날 수 있다.

현금 서비스도 별로 대수롭지 않게 생각하지 않고 사용한다. 카드를 만들고 사용하기 편안하니까 무심코 쓰고 현금이 없으면 돈을 빌린다는 생각 없이 서비스를 받는다. 현금 서비스엔 이자가 있는데 적은 돈이니까 그냥 빌린다. 적은 돈을 빌렸을 때 이자와 큰 돈을 빌렸을 때의 이자는 심리적인 갭이 있다. 주택 대출금처럼 큰 금액에 대한 이자에 대해서 훨씬 민감하다. 하지만 현금 서비스에 대한 수수료, 이자 같은 것들에 훨씬 덜 민감해한다.

나는 레버리지를 일으키지 않는 한 한 번도 이자가 있는 돈을 쓴 적이 없다. 현금 서비스를 받거나 신용카드를 쓰는 일, 무이자 할부이용까지는 용인할 수도 있다지만 사람한테 직접 돈을 빌려서 물건을 사는 것은 나로선 상상할 수도 없다. 소득보다 비싼 술집에 가서 술을 마시고 돈을 빌려서 낸다는 이야기도 들었다. 그런 일들이 보편적이라니 이해하기 어렵다. 정말 쇼핑 가서 돈을 빌려서 옷을 사거나 술집에 가서 술을 먹고 돈을 빌려서 술값을

내는 것을 민감하게 생각하지 않는다는 것은 슬픈 현실이다.

소비를 위해 친구의 돈을 빌리고 부모님 카드를 생각 없이 쓰는 것도 각성해야 한다. 그건 부모가 아이에게 너는 돈을 모을 수 없다, 너는 독립하지 말라고 주문을 거는 것과 같다. 그런 식으로 잘못된 경제관념을 갖게 하면 안 된다. 20대에 진입하면서 대출, 할부, 마이너스 통장, 남에게 돈을 꾸는 것 같은 것들이 다 빚이다. 이것에 대해 내 인생에서 경제적인 빚은 절대 용납할 수 없다는 원칙을 세우면 전체적인 인생의 경제관이 단순해진다.

자꾸 예외를 두면 복잡해진다. 경제적인 큰 문제는 나쁜 일이나 커다란 안 좋은 생각을 해서가 아니라 잠시 잠깐 하는 습관들이 문제다. 어느 순간 그 상황이 그 사람을 만들고 있는데 전혀 인식하지 못한 상태에서 벌어지고 만다. 그 상황은 내가 초기에 선택하는 과정에서 생긴다. 경제활동 초기에 이 빚에 대해 생각을 해야 한다. 간단한 생각부터 하라. 쇼핑을 갔다. 돈이 없으면, 수중에 없으면 사면 안 된다. 취직했는데 회사와 주거지가 너무 멀어서 다음 달부터 급여가 생기니 출퇴근용 차를 구매하자든지. 돈이 곧 들어올 예정이 있다? 들어오기로 한 돈은 내 돈이 아니다.

현재 내가 가지고 있는 현금만이 내 돈이다. 그 자체만. 그 안에서 내가 어떻게 생활할 것인가를 항상 현재진행형인 마인드로 생각해야 한다. 빚이란 것을 현재진행형으로만 생각한다면 좀 더 심각하게 생각할 수 있게 된다. 대부분은 내가 감당할 수 있을 것이라는 그렇게 할 수 있다는 가정하에 빚을 지고 대출도 받곤 한다. 월급을 얼마를 받으니 3년 안에 이 돈을 갚을 수 있을 거로 생각한다. 빚을 낸다. 그런 막연한 생각은 나중에 그 결과를 딱 맞춰서 할 수 없게 되기도 한다. 만약 그렇게 했다면, 할 수 있다면 내 상황이 변하더라고 어떤 상황이 오더라도 그걸 해야 한다.

몸은 독립했으나 경제적 현실은 독립이 안 된 자식들 때문에 부모도 힘들다. 카드를 쓰다 보니 어느덧 몇천만 원이 넘었다는 자식 카드빚을 부모가 갚아주고 있다. 부모는 자녀의 미래가 걸려 있으니 도리가 없다고 말하기는 하지만 과연 그 자식이 그 심각성을 알고 있을지 궁금하다. 그러다 보니 젊은 친구들은 빚을 지는 것에 책임감이 없다. 요즘 20대가 그렇다. 부모에게서 받는 돈도 실제적으로는 채무다. 기대하지 마라. 성인이 되어 정당한 노동의 대가 없이 돈을 받는 것에 대해 익숙해져서는 안 된다.

내가 나를 책임져야 한다고 생각하고 제대로 독립되었다면 빚을 질 수가 없다. 부모의 잘못된 경제관은 자식에게 치명적일 수 있다. 20대의 자녀는 부모의 소비습관을 비판하는 시각의 훈련이 필요하다. 당장 여러분이 경제활동을 하지 않아 그러한 판단이 없을 수 있어도 관심을 둘 수 있다. 관심을 두다 보면 보는 개입을 하고 싶어지고, 개입하려면 나름 학습하려는 의지가 생길 것이다.

KI신서 5318

홀로 서는 젊음이 아름답다

1판 1쇄 인쇄 2013년 11월 11일
1판 1쇄 발행 2013년 11월 16일

지은이 김진희
펴낸이 김영곤 **펴낸곳** (주)북이십일 21세기북스
부사장 임병주 **이사** 주명석
출판콘텐츠기획실장 안현주 장치혁
기획 송무호 **편집** 북이데아 김춘길 손인호 **디자인 표지** twoes **본문** 노승우
마케팅영업본부장 이희영
출판영업 이경희 정경원 정병철 **마케팅** 김현섭 최혜령 강서영

출판등록 2000년 5월 6일 제10-1965호
주소 (우413-756) 경기도 파주시 회동길 201(문발동)
대표전화 031-955-2100 **팩스** 031-955-2151
이메일 book21@book21.co.kr **홈페이지** www.book21.com
트위터 @21cbook **블로그** b.book21.com

© 김진희, 2013

ISBN 978-89-509-5260-0 03320
ISBN 978-89-509-5271-6(세트)

책값은 뒤표지에 있습니다.

이 책 내용의 일부 또는 전부를 재사용하려면 반드시 (주)북이십일의 동의를 얻어야 합니다.
잘못 만들어진 책은 구입하신 서점에서 교환해 드립니다.